100年企業がやっているブレない心の磨き方

江戸商人88の繁盛訓

植西 聰

経済界新書 041

まえがき

小さな商売を始める若者が増えています。

いや、若者ばかりではありません。ある程度、社会経験を経《へ》たのち、勤めていた会社を途中退職して商売を始める人も増えてきています。

起業する女性も増えつつあります。

また、今、日本の大企業はグローバル経済の中でもがき苦しんでいます。大企業のビジネスマンたちも起業家精神を取り戻すことが大切です。

そのような人たちに江戸時代の商人が残した繁盛訓《はんじょうくん》は貴重な参考資料になると思い、私は本書を書きました。

商売繁盛の秘訣《ひけつ》とは何でしょうか。

江戸時代の商人たちは、次のような問題について有益な言葉をたくさん残しています。

・どのような心構えを持てばいいか

・お客さまへの接し方
・人の使い方
・お金とのつき合い方
・商品管理の仕方
・トラブルへの対処の仕方
・商売する目的とは何か

本書の項目の中にあるこれらの言葉は、若者や、退職して独立する人、起業家、苦しむビジネスマンといった「現代の商人」たちにとって少なからず参考になると思います。


江戸時代、武士には保証された身分がありました。農民には耕す田畑がありました。職人には仕事の技術がありました。

ただ商人のみが、おのれの才覚一つで、自分や家族が食べていく仕事と金銭を得なければなりませんでした。

生まれながら保証されているものは何もなかったのです。

失敗して財産を失った際に頼りにできる社会保障もありませんでした。

しかし、それだけに江戸時代の商人たちの生き方には、自主独立の、また自由なバイタリティがあふれていたように思います。

今の日本の社会で大切なのは、江戸商人が持っていたような逞《たくま》しい生命力ではないでしょうか。そのバイタリティに触れてもらえるのが本書だと信じています。


なお、本書でさす江戸商人とは、江戸という時代に繁盛した商人のことです。ですから、江戸だけではなく、近江《おうみ》、伊勢《いせ》、京都、大阪、博多《はかた》、名古屋など、商売繁盛で知られた地域の商人を数多く取り上げています。

江戸時代の地域それぞれの商売の特色や共通点を知ることも、繁盛訓を現代に活かすために役立つでしょう。

江戸商人の言葉は、ほとんどが子孫へ残した「家訓《かくん》」という形で残されています。その言葉を、本書では、現代人にもわかりやすくするために意訳してあります。

読者の皆様が、この言葉で成功の道を邁進《まいしん》することをお祈りします。

植西《うえにし》 聰《あきら》

目次　ブレない心の磨き方――江戸商人88の繁盛訓

第二章　倹約の伝統を失うな
——お金を育てる

第三章　「ルール」を決めて商売する人は必ず伸びる
――信用を築く

第四章　何事も「長く続けられるか？」で判断しろ
——失敗を防ぐ

第五章　自分の現状にとらわれずに発想せよ
——魅力を磨く

第六章

窮屈な時代を「大抜擢」で打ち破る

——能力集団をつくる

第七章

豪商はみな「いいワンマン」である

――組織を固める

第八章

世間のものさしは案外正しい

——知恵を集める

第九章 「いい知恵」は昔も今も変わらない
——商品開発を学ぶ

プロデュース、編集　アールズ 吉田 宏
章扉イラスト　安ヶ平正哉

第一章

一日単位でなく「一生単位」で接客する

――お得意さまをつくる

一訓　◎　自分の利幅より「お客の気持ち」を大切に

損得は天の恵みと考え、自分の儲《もう》けばかり考えず、お客さまを大切に思うこと。

近江《おうみ》商人　**二代目中村治兵衛《なかむらじへい》**

もっとも大切な商売繁盛のコツは、お客さまに、どのようにして「気持ちのいい買い物ができた」という思いを持たせることができるかだと思います。

「気持ちよかった」と満足できたお店には、お客さまは何度も足を運んでくれるでしょう。

「三方《さんぽう》よし」という言葉があります。江戸時代に活躍した近江（現在の滋賀県）商人の商売のモットーとされた有名な言葉です。

「買う人もよい思いをし、売る人もよい思いをする。その結果、世間もよくなっていく」

という意味です。

この「三方よし」は、冒頭の中村治兵衛の言葉から生まれたと言われています。中村治兵衛は、江戸中期に活躍した麻布《あさぬの》商人でした。

中村治兵衛の商売の特徴は、今で言う「顧客第一主義」にありました。どうすればお客さまに、「おたくの店で買い物をすると気持ちがいい」「あなたから商品を買って満足できた」と言ってもらえるかということを、何よりも優先して考えたのです。

そのために大切なのは「商人が自分の利益のことばかり考えないことだ」と、中村治兵衛は言うのです。

商人が自分のことばかり考えると、お客さまは二の次になってしまいます。そうなれば、お客さまは気持ちのいい買い物などできないでしょう。「あの商人からまた買いたい」という気持ちにもならないと思います。

お客さまに満足を与えることによって、お客さまはまた買い物に来てくれます。結果的には、それが商売繁盛につながっていくのです。

そうやって商業活動が活発になっていけば、世の中全体が繁栄していきます。それが、「世間もよくなっていく」という言葉の意味です。

二訓 ◎ 商品の短所を隠さない

商品の良否《りょうひ》は包み隠さず説明し、一点の虚偽《きょぎ》も許さない。

近江商人 飯田新七《いいだしんしち》

高島屋《たかしまや》という百貨店があります。その基礎をつくったのが、近江商人である飯田新七でした。

飯田新七は越前敦賀《えちぜんつるが》（現在の福井県敦賀市）の出身です。京都の呉服《ごふく》店で働いていましたが、その後、近江の商家だった飯田家の婿養子《むこようし》となり、古着と木綿《もめん》の商売を始めます。「たかしまや」と名づけた店は繁盛し、どんどん大きくなっていきました。その飯田新七が残したのが冒頭の言葉です。

商品をお客さまに売りたいと思う時、ふつう商人は、商品の「いいところ」は熱心に説明します。しかし一方で、「悪いところ」は隠そうと思うものではないでしょうか。

うっかり「悪いところ」を言ってしまえば、お客さまは購買意欲を失ってしまうかもしれません。

しかし、飯田新七は、「悪いところも含めて、商品の特徴は何もかも正直に説明するのが大切だ」と述べているのです。

「いいところ」ばかり強調し、「悪いところ」は言わずに隠しておけば、お客さまは商品を買ってくれるかもしれません。

しかし、実際に使ってみて商品の「悪いところ」に気づけば、お客さまは「だまされた。あの店は信用できない」という気持ちになるでしょう。

いわば店の看板に傷がつくのです。

その場で商品を売りさばくことができても、看板に傷がついてしまったら、店は末永《すえなが》く繁盛することはできません。「あの店は信用できない」という評判が広まって、お客さまから敬遠されることになるからです。

お客さまは、正直に商品説明してくれる店をヒイキにするのです。

三訓　◎　後悔するぐらい安く売る

「安く売りすぎた」と後悔するぐらいがいい。大きな利益となって返ってくる。

近江商人　**十代目外村与左衛門**《とのむらよざえもん》

誠実な商人は、できるだけお客さまが望む値段で商品を売りたいと思います。お客さまから、「もう少し安くしてほしい」と言われれば、つい「では、安くしておきましょう」と答えてしまうのが、誠実な商人ではないでしょうか。

もちろん、いくら誠実な商人でも、あとになって「安く売りすぎた」と悔やむことがあるでしょう。

「儲けられる時には儲けたい」と思うのも商人の正直な気持ちだからです。

しかし、近江商人である十代目外村与左衛門は、「『安く売りすぎた』と後悔するぐらいが一番いい」と言うのです。

売った商人は後悔しても、買ったお客さまは「いい買い物をした」と喜んでくれるでしょう。ものを買う喜びを得られたお客さまは、またその商人から買おうと考えるでしょう。つまり、二度三度と買い物をしてくれるのです。

そのようにヒイキにしてくれるお客さまがどんどん増えていけば、結果的に商売は繁盛していくに違いありません。

反対に、高い値段で売って大きな儲けを得ることができれば、その商人は喜ぶでしょう。しかし、お客さまは「高い買い物をさせられた」と悔しい思いをすることになります。

そのお客さまは、もうその商人から買おうとは思わないでしょう。長い目で見れば、その商人は損をすることになるはずです。

「損せぬ人に儲けなし」ということわざもあります。

「ものを高く売って損をしない商人にはお客さまは集まってこない。だから、その商人は繁盛しない」という意味です。

外村与左衛門の言葉も、損と儲けのそんな関係を表していると思います。

四訓◎買わないお客を「あしらわない」

お客さまを金持ちかそうでないか、たくさん買い物をするかしないかで差別しない。

名古屋商人　**四代目伊藤次郎左衛門《いとうじろうざえもん》**

演歌歌手の故三波春夫《みなみはるお》さんは、「お客さまは神様です」という名言を残しました。どのようなお客さまであれ、わざわざ足を運んでくれた方はすべて神様のように大切な存在だ、という意味ではないかと思います。

また、この言葉の裏には、「お客さまを差別してはいけない」という意味も含まれていると思います。

人はつい、「お金持ちだから、大切にしなくてはいけない。金持ちでないから、適当にあしらっておけばいい」「たくさんお金を使ってくれるから、ありがたい。たいしてお金を使ってくれないから、どうでもいい」といったように、差別して考えてしまいがちです。

しかし、それではいけないのです。お金持ちだろうがなかろうが、たくさんお金を使ってくれる人だろうがなかろうが、すべてのお客さまを大切にしなければならないのではないでしょうか。

すべてのお客さまを大切にしようとしたからこそ、三波春夫さんは国民的歌手として長く多くの人に愛されたと思います。

名古屋商人である四代目伊藤次郎左衛門も、冒頭の言葉で同じことを述べています。

もし、「金持ちでない」「たくさん買い物をしない」という理由から商人が失礼な態度を取ったらどうなるでしょう。そのお客さまは不快になるでしょう。怒って店の評判を落とすような悪口を言いふらすかもしれません。

そういうことを四代目伊藤次郎左衛門は怖れたのではないでしょうか。

四代目伊藤次郎左衛門は、現在の松坂屋《まつざかや》百貨店の基礎を築いた伊藤家の当主だった人物です。まじめで誠実な商売のやり方で知られ、家業を呉服の問屋《とんや》から呉服の小売業へ転向させて、店を繁盛させせました。

五訓◎「お見舞い」に手を抜くな

お得意さまやお客さまが火災にあった時は、すぐお見舞いにうかがう。

江戸商人　十一代目伊藤《いとう》次郎《じろう》左衛門《ざえもん》

十一代目伊藤次郎左衛門は、名古屋の地で呉服の小売り商売を繁盛させた四代目の子孫です。

冒頭の言葉は江戸時代末期に書かれたものですが、この十一代目は明治維新後に東京へ進出し、上野にいとう松坂屋を開いて成功します。

商売を繁盛させるポイントの一つに、長い期間に渡ってヒイキにしてくれるお得意さまをいかに増やすかが挙げられると思います。

「一度買い物をしてくれたが、二度来ることはない」といったお客さまだけでは、繁盛店をつくるのはとてもムリでしょう。

「呉服を買う時には、いつもうちに来てくれる」というお得意さまが多くいればいるほど、売り上げは安定し、繁盛していきます。

では、どのようにすればお得意さまを増やせるのでしょうか。また、お得意さまを他店に奪われることなく、将来もずっとお得意さまでい続けてもらうには、どうすればいいのでしょうか。

そのヒントになるのが冒頭の言葉です。

人は災難に見舞われた時に、やさしく親身な言葉をかけてもらうと非常にうれしく思うものです。

恩義にすら感じ、「この人とは末永くつき合っていきたい」と思うものです。

十一代目伊藤次郎左衛門は、このような人間心理をよく理解していたのでしょう。

「火事見舞い」に限ることはありません。

大切なお得意さまが病気になったと知った時は、すぐ病気見舞いに行き、また、結婚式やお祝い事の時も挨拶《あいさつ》を欠かさないほうが、商売上うまくいくでしょう。

六訓　◎　好景気でも「よい品を」、不景気でも「よい品を」

景気がいい悪いにかかわらず、いい商品を誠実親切に売る。

名古屋商人　**伊藤家家訓**

景気がいい時にはトントン拍子に業績を伸ばしても、景気が悪くなったとたんにダメになってしまう会社や商人がいます。

多くの場合、次のような理由からではないでしょうか。

景気がいい時には、少々高い値段でも、場合によっては品質に難があっても、商品はどんどん売れていきます。中には、品質に難があろうと、とにかく安く仕入れて高く売ろうと考える会社や商人が出てきます。そして実際、景気のいい間は大儲けします。

しかし、そういうやり方は景気が悪くなると、とたんに通用しなくなります。値段が高いものは誰も買わなくなるからです。お客さまの意識は価格だけに向かわず、品質にも厳しくなります。安い価格で、しかもできるだけ品質のいいものを求めるようになるのです。

ですから、「悪いものを安く仕入れて高く売る」という商売をやっていた会社や商人は、一気に業績が悪化するのです。

松坂屋百貨店を創業した商家、伊藤家の大もとは、織田信長に仕えた伊藤蘭丸祐広《いとうらんまるすけひろ》の子である伊藤蘭丸祐道《すけみち》が名古屋で開いた呉服店だと言われています。名古屋商人の家だと言っていいでしょう。

その伊藤家には、「景気の動向にかかわらず、誠実親切な商売を心がける」という家訓が残されています。

「誠実親切な商売」とは、「お客さまの利益を第一に考え、どんな時でも、いい商品をできるだけ安く売る」ということでしょう。

この原点を貫くことで伊藤家は繁盛し、現在まで続く商売をつくり上げることができたと思います。

七訓　◎　お客招きはまず挨拶から

お客さまが来店した時は全員でご挨拶を。お帰りの際も、買い物の多少にかかわらず全員でご挨拶申しあげる。

名古屋商人　小川伝兵衛《おがわでんべえ》

名古屋は徳川御三家《ごさんけ》の一つである尾張《おわり》徳川家のお膝元《ひざもと》として、江戸時代からたいへんにぎわっていました。

小川伝兵衛は、その名古屋で江戸時代中期に水口屋《みずぐちや》という呉服店を営み、大繁盛していました。

冒頭の言葉は、商売において非常に重要なことですが、ともすると忘れられやすいようにも思えます。

実際、客としてお店に入った時、近くにいる一人か二人は挨拶をしてくれても、あとの人は振り向きもせず自分の仕事に没頭《ぼっとう》していることがあります。

中にはまったく誰も挨拶せず、こちらから「すみませんが……」と話しかけて、やっと「何でしょう」と答えるようなお店もあります。

ある経済評論家が、こんなことを述べていました。「最近は人件費削減のために正社員を雇《やと》わず、パートやアルバイト、派遣《はけん》社員によって店を運営しているケースが増えている。そういったお店では、お客さまへの対応の仕方がよくないようだ」というのです。

もちろん、パート社員や派遣社員はすべて仕事への忠誠心が乏しく、気が回らないというわけではありません。

しかし、中にはすぐに辞めてしまうような人もいます。あまり気合いが入らない人もいるのです。

そういう事情から「挨拶もろくにしないお店」が増えてきているのかもしれませんが、お店で重要なのはやはり印象です。

挨拶もろくにしないお店では、買い物をしたくなくなってしまいます。全員が元気よく挨拶するお店にするための費用と時間は、削減してはならないと思います。

売ることを楽しむ。
お客さまを
喜ばせることを楽しむ。

伊勢《いせ》商人　**三井殊法《みついしゅほう》**

この言葉は、三井越後屋《えちごや》を創業した三井高利《みついたかとし》の母、殊法《しゅほう》のものです。

三井家は、もともと近江地方の武士でした。しかし、三井高利の祖父に当たる三井高安《みついたかやす》が織田信長との戦《いくさ》に敗れて、伊勢松阪《まつざか》（現在の三重県松阪市）へ逃れたのです。三井高安は、武士の地位を捨てると、松阪の地に定住することを決め、質屋や酒・味噌の商売を始めます。

三井家では、この三井高安を「家祖《かそ》」（家系の祖）、三井高利を「元祖《がんそ》」（創業者）と呼んでいます。

しかし、三井高安の長男で商売の跡を継いだ三井高俊《みついたかとし》は、商売があまり得意ではありませんでした。店に立ってお客さまの対応をするよりも、自室にこもって学問書を読んでいるほうを好む、といった性格であったようです。

そのために商売のほうは、高俊の妻である三井殊法が取り仕切っていたのです。

三井殊法は商売上手の女性で、伊勢での三井家の商売はとても繁盛していました。

三井高利が江戸に越後屋を開業することができたのも、三井殊法の才覚のおかげだとも言われています。

冒頭の三井殊法の言葉は、三井越後屋の商売のモットーとして、三井高利からその後の主人たちに受け継がれていったのです。

商人にとって「商売をやっていてよかった。商売は楽しい」ともっとも実感できるのは、お客さまが喜んでくれた顔を見る時ではないでしょうか。

また、「これから、もっとがんばろう」と意欲をかき立てられるのも、お客さまが喜んでくれた顔を見る時ではないかと思います。

お客さまを喜ばせる楽しみを失わない限り、その店は繁盛し続けるに違いありません。

九訓　◎　怒りたい時こそ怒らない

言いがかりをつけられても怒ってはいけない。短気を起こさず、わかってもらえるまでていねいに説明を尽くす。

京商人《きょうしょうにん》　**住友政友《すみともまさとも》**

誠実な商売を心がけていても、お客さまからクレームをつけられることがあります。自分に非がある時には、もちろん、「申しわけありません」と謝ります。

しかし、時にはクレームが、こちらを困らせることを目的にした言いがかりである場合もあるでしょう。

たとえば、何の根拠や理由もなく、「店の対応が悪い」「おたくから買った商品で迷惑を受けた」と騒いだり、怒り出したりするお客さまです。別の店で買った商品なのに「ここで買った商品を返すから代金を返せ」と言い張る悪質なケースもあるかもしれません。

このような言いがかりをつけられれば、いくら相手がお客さまでも思わず腹が立ち、大声で対応してしまいそうになります。

しかし、そのような場合であっても、「短気を起こして怒らないことだ」と住友政友は言います。

現在の住友グループのルーツは江戸時代初期の住友家にあり、その住友家の家祖が冒頭の言葉を残した京（現在の京都）商人、住友政友です。

住友政友は仏教徒であり、冒頭の言葉も仏教徒らしい考え方だと思います。

仏教の開祖であるブッダは、「怒りは、自分自身を滅ぼす」と述べています。

「相手の言い分がどんなに理《り》不《ふ》尽《じん》でも、怒ってしまえば商人としての自分自身を滅ぼすことになる」と住友政友は考えていたのではないでしょうか。

つまり、商売をやっていけなくなる、ということです。

理不尽な相手にも誠実に対応するのが、いい商人のあり方です。

怒らず、おだやかな口調でていねいに説明すれば、相手がそれ以上の言いがかりをつけてくることは少ないと思います。

十訓　◎　お客という鏡に自分を映す

相手の間違いで代金を多く受け取った時は、正直に返せば、天から恵みを与えてもらえる。

京商人　**住友政友《すみともまさとも》**

住友家の家祖、住友政友は、仏教徒であっただけに、何よりも「正直な商売」を心がけました。

たとえば、お客さまの間違いから、事前に取り決めておいた代金より多くのお金を受け取ったとします。

こずるい商人なら、「しめしめ儲かった。相手は気づいていないようだから、このまま懐《ふところ》に入れてしまおう」と考えるかもしれません。

しかし、住友政友は、「よけいにもらったお金はすぐに返せ」と言います。

「そんなバカ正直なことをすれば、せっかくの儲けを逃す」と考える人がいるかもしれません。


しかし、住友政友は、いい行いをすれば天が恵みを与えてくれると考えるのです。

この考え方は、そのまま仏教の「因果応報《いんがおうほう》」の教えにつながると思います。

因果応報とは、「物事の結果には、必ずそうなる原因がある」ということです。

因果応報の考え方は、「いいことをすれば、いい恵みが得られる。悪いことをすれば、悪い罰《ばつ》が与えられる」といういましめでもあります。


実際に住友政友は、冒頭の言葉とは別に、「ずるいことをすれば、一時的な儲けを得ることはできるかもしれないが、必ず天罰が下る」という言葉も残しています。

こずるいことを考えず、正直な商売をすれば、確かに儲けを逃すことがあるかもしれません。しかし、そこで逃す儲けなど小さなものではないでしょうか。

正直な商売を心がければ、因果応報の法則にしたがって、天が恵みを与えてくれます。

その恵みとは、末永い商売の繁盛だと思います。

長い目で見れば、この「天の恵み」のほうが、ずっと大きな儲けとなると思います。

第二章

倹約の伝統を失うな

――お金を育てる

一訓 ◎ 運に任せないことが倹約の始まり

「あの人は運がよかったから金持ちになれた。自分は運がないからお金がたまらない」と言う人がいるが、間違いだ。

近江商人　**中井源左衛門**《なかいげんざえもん》

「物事の結果には、必ずそうなる原因がある」という仏教の「因果応報」の考え方は、多くの人に影響を与えました。

とりわけ江戸時代の近江商人たちは、この考え方に強い影響を受けていたと言われています。

中井源左衛門は、食器や薬の行商《ぎょうしょう》から始めて大成功した近江商人です。

彼は、「たまたま運がよかったからお金がたまったわけではない」と述べています。

「お酒や遊びを慎《つつし》んで倹約《けんやく》につとめ、まじめに商売をしてきたからこそ、ある程度のお金がたまり、店も大きくなった」と言っているのです。

仏教の因果応報の考え方に従えば、「倹約と努力」というしっかりした原因があったからこそ、「お金がたまり、店を大きくできた」という喜ばしい結果を得ることができた、ということでしょう。

言い換えれば、商人としてするべきことをしないで、すべてを運任せにし、「お金儲けができたらいいな」といったことを夢見ているようでは成功できない、ということを述べているのです。

一方で、中井源左衛門は「ケチと倹約とは違う」とも述べています。

「ケチ」とは、いわばお金への欲から生まれるものです。しかし「倹約」とは、ムダなお金を使わないように注意することです。

中井源左衛門は、「倹約」は、一人前の商人に成長し、商売を大きく伸ばしていくために忘れてはならない大切なことだと言うのです。

「倹約」が原因となって、「お金がたまる」という結果を得られます。そして、いざという時に、ためたお金を使えるのです。

二訓◎動かす額は「身の丈」に合わせる

薄い利益しか出ない商売を営む者は、それに合わせて倹約を心がける。

江戸商人　三井高房《みついたかふさ》

三井高利が創業した越後屋は、その後、子の三井高平《みついたかひら》、孫の三井高房に引き継がれます。この親子三代は、三井高利が『遺訓《いくん》』、三井高平が『宗竺遺書《そうちくいしょ》』、三井高房が『町人考《ちょうにんこう》見録《けんろく》』という著作を書き、それぞれ興味深い言葉を残しています。

その三井高房の『町人考見録』に、大黒屋徳左衛門《だいこくやとくざえもん》という商人が出てきます。

大黒屋徳左衛門は問屋（現在の卸売《おろしうり》）業を営んでいました。生産者や運搬《うんぱん》業者から商品を買い取ったり預かったりして、それを小売業者へ売りさばく商売です。

日々たくさんの商品が持ちこまれ、運ばれていきますから、問屋業を営む者は大きな店を構えていました。そこに、たくさんの商人がしょっちゅう出入りし、活気にあふれていましたから、問屋業者は非常に景気がいいように見えました。

しかし、実際には、それほど利益が出る商売ではなかったと言います。

大黒屋徳左衛門は、忙しいわりに利益が薄い問屋業に嫌気がさしたのでしょう。「もっと楽に大儲けしたい」と考えました。そして、小売業者から「こういう商品を仕入れてほしい」と預かっていたお金を、ほかの目的に流用《りゅうよう》したりしました。あるいは、仕入れた商品を売り値が上がるまで売り惜しみしたりしました。

しかし、ことごとく失敗し、多額の借金を背負いこんでしまいます。小売業者から預かったお金を流用していたことについては罪に問われ、ついに死罪になってしまったのです。

商人は、利益に合わせた商売のやり方を心がけねばなりません。

利益が薄い商売を営む者は、それに合わせてコツコツとまじめにお金を蓄えるように心がけるとよいのです。

「倹約を心がけて、ムダなお金を使わないようにするのがいい」と、三井高房は言います。

身のほどを越えた金儲けを望むと大失敗してしまうという教訓です。

三訓 ◎ 「困った人が借りに来る」ことを忘れない

金を貸す時は、相手の資金繰りの事情をよく調べておく。

江戸商人 三井高房《みついたかふさ》

三井高房の『町人考見録』には、石川自安《いしかわじあん》と中村内蔵助《なかむらくらのすけ》という二人の商人も登場します。やはり両者とも金貸し業で大儲けして、裕福な暮らしをしていました。しかし、結局は両者とも大名に貸した多額の借金を踏み倒されて家を潰《つぶ》しています。

この石川自安や中村内蔵助、両替商の善六《ぜんろく》（70ページ参照）に見られるように、江戸時代、大名に貸した金を返してもらえず、破産する商人は少なくなかったようです。というのも、商人にとって大名は一見「いいお客さま」に思えるのです。

町人に金を貸せば、夜逃げをされる危険性があります。

しかし大名には、その心配はありません。「大名に貸した金が返ってこないことはあるまい」という安心感があったのです。

また、大名という権威も権力もある人物を相手に商売をすることで、「ハクがつく」「優越感にひたれる」という思いもあるでしょう。

さらに大名の借金は町人などより多額で、得られる利益もそれだけ大きいのです。

ですから、よく考えもせず、簡単に金を貸してしまう商人も多かったのです。

しかし、大名は、金が返せなくなった時は平気で借金を踏み倒しました。

そもそも江戸時代は、どこの大名もお金に困っていました。

お金に困っていたからこそ、裕福な商人に借金を申し入れていたのです。

「大名の資金繰り事情をよく調べておけば、大名に金を貸すことほど危険なものはないということがすぐわかるはずだ」と三井高房は述べています。

現代人も誰かに金を貸しつける時は、相手の資金繰りの事情をよく調べてから、慎重に対処するほうがいいのでしょう。相手の権威や権力に惑わされたり、多くの利益が得られるといった儲けの大きさに目がくらんだりしてはいけないと思います。

四訓 ◎ 時間は金でつくれぬが、時間で金はつくられる

「時は金なり」を忘れてはならぬ。商人は時間をムダにしてはならぬ。

伊勢商人 **諸戸清六《もろとせいろく》**

幕末になり、アメリカ、イギリス、ロシアなどの異国船が日本沿岸に姿を現して世情があわただしくなる中で、米《こめ》商人として大成功をおさめた諸戸清六という人物がいます。

諸戸清六は、伊勢桑名《くわな》(現在の三重県桑名郡)に生まれ、そこを拠点に商売をした伊勢商人でした。

諸戸清六の面白いところは、隠居《いんきょ》してから日本各地の豪商や富豪を訪ね歩いたところにあります。

彼は、多くの「商売繁盛の秘訣」を聞き出し、それを十五か条にまとめて、遺書として子孫に残しました。

この諸戸清六の『遺書』には、現代に通じる繁盛訓が多く含まれています。

まず第一に述べられているのが、冒頭の言葉です。

商人は時間を持てあましてボーッとしていてはならない、ということです。目を覚ましている間はずっと商売のことを考え、足と手と口を動かして商売をしているのが、繁盛する商人の正しい姿だと言うのです。

諸戸清六自身、食事をする時間も惜しんで働いていたそうです。そのために、こんな具体的な言葉も残しています。

「熱いごはんは食べるのに時間がかかるから、ササッと食べられる冷や飯にすること」

「握り飯をつくっておいて、仕事の合い間に食べること」

「仕事が忙しくて食事をする時間がない時は、一食ぐらい抜いてもいい」

この諸戸清六の食事法をそのまま実践する必要はないと思いますが、「時は金なり」という精神は大いに学ぶべきでしょう。

五訓　◎　損得を顔に出すな

いつでも金のない顔をしていること。人に笑われる時もあるが、あとで尊敬されるようになる。

伊勢商人　諸戸清六《もろとせいろく》

大阪商人がよく使う言葉に、「ボチボチでんな」というのがあります。「ほんのちょっと儲かっている程度ですよ」ということでしょう。

たとえ大儲けしている時でも、「儲かってまっか?」と聞かれれば、「ボチボチでんな」と答えます。

つまり、自分が金儲けしていることをむやみに人に自慢などしない、ということです。

ここには商人の知恵があると思います。

大儲けを自慢したらどうなるでしょう。

本人は大きな顔をして気持ちがいいかもしれませんが、まわりの人たちから、ひがみやヤッカミを受ける可能性があります。

「あの店は悪いことをして大儲けしている」「あの商人は金にがめつい」などと、よからぬうわさを立てられないとも限りません。

世間から悪いうわさを立てられたり、うしろ指をさされるようなまねは絶対に避けるのがいい商人です。

ですから、儲かっていても、「儲かっている」などと自慢などしないのです。

伊勢商人である諸戸清六が冒頭の言葉で述べていることも、それと同じ意味です。

「金のない顔をしている」とは、「儲けていても、それを自慢しないでいる」ということです。

そういう態度でいると、「商売がヘタなんだ」とあざ笑う人がいるかもしれません。

しかし、じつは儲かっているのだということは自然にわかるものです。そうなれば、笑っていた人間も「さすがに賢い商人だ」と尊敬してくれるようになるだろうと諸戸清六は言っているのだと思います。

六訓　◎　ソロバンは黙ってはじく

代金の交渉で、「儲けはこのくらい出る」という計算を絶対に相手に明らかにしてはならない。

伊勢商人　諸戸清六《もろとせいろく》

損得勘定《そんとくかんじょう》をするのが商人です。

ただし、損得勘定はあくまでも腹の中で行わなければなりません。

たとえば、取引先の業者と価格の交渉をする時です。

ふつうは、「この代金で契約すれば、このくらいの儲けが出る」と腹の中で計算しながら話を進めていくでしょう。

その時にもし、「この代金で契約してもらえるなら、うちはこのくらい儲けが出るので助かります」などと相手に明らかにしてしまったらどうなるでしょうか。

「そんなに儲けるんですか。だったら、もう少しウチにいい条件にしてくださいよ」と突っこまれるに違いありません。

損得勘定は、あくまで明らかにしないのが賢い商人のあり方だと言えます。

諸戸清六が冒頭の言葉で述べているのも、そういう意味だと思います。

これはけっして、「相手をだます」とか、「欲張った駆け引きをする」という意味ではないと思います。

正直な商売を心がけることは何より大切です。

しかし、だからといってバカ正直になる必要はないということなのです。

「この取引で私の儲けはこのくらいある」などと明かすのは、バカ正直です。

取引を不利にするだけでなく、「そんなことを言って、本当はもっと儲けているんじゃないか」と勘繰りを受けることにもなりかねません。

商売では、よけいなトラブルとなる危険がある場合、思っていることを正直に言う必要は必ずしもありません。

七訓 ◎ ぜいたくはお金も時間もムダにする

必要もないぜいたく品を買わない。買えば自慢したくなる。そんな暇《ひま》に金儲けをするほうがいい。

伊勢商人 諸戸清六《もろとせいろく》

諸戸清六は、時間に対しても、お金に関しても、とにかく倹約を心がける人物でした。商売繁盛につながらないような時間の使い方や、お金の使い方は、しないように心がけていたのです。

冒頭の言葉にも、そんな考え方がよく表れていると思います。

確かに、諸戸清六が言う通り、ぜいたく品を買えば、それを誰かに自慢したくなるものです。

ぜいたく品を欲しくて買うのではなく、誰かに自慢話をしたいために買う人もいるかもしれません。

しかし、「この腕時計、いいだろう。高級品なんだ」といった自慢話をしたところで、商売に有益になることなどほとんどないでしょう。

「儲かってるんですね」などとお世辞を言われるのならいいほうで、嫉妬《しっと》されたり、嫌われたりすることもあるでしょう。

ただし、つけ加えると、諸戸清六はケチ臭い人物ではありませんでした。自分の儲けのことしか考えない金の亡者《もうじゃ》でもありません。

儲けたお金を、世のため人のために使う慈善家でもあったのです。

諸戸清六が暮らした伊勢桑名のあたりは井戸の水質が昔から悪く、住人は飲料水の確保に困っていました。彼は自分のお金を使って水道を引く事業を行い、住人たちから非常に喜ばれたと言います。

また、諸戸清六は、学生に学費を援助した育英事業でも知られています。

諸戸清六に限らず、商人は金儲けに熱心であると同時に慈善家の面を持つことで名声を得ることができ、それがひいては繁盛にもつながるのではないでしょうか。

八訓 ◎ 「苦労した銭」は増える

わずかな金を儲けるにも骨を折れ。楽して儲けた金は、すぐに消えてなくなる。

伊勢商人　諸戸清六《もろとせいろく》

ある若者が、「社会人になって初めて、お金は貴重なものだと実感できた」と述べていました。

彼は学生の頃、親から小づかいをもらっていました。ですから、お金をあまり貴重だと感じなかったそうです。

そのため、ついついムダづかいしてしまうことも多かったようです。

しかし、社会人になって、自分で苦労してお金を得るようになってから、お金に対する考え方、感じ方が変わったと言います。

よりよい使い方を考えるようになり、その結果、学生時代のようなムダづかいはなくなったそうです。

諸戸清六が冒頭の言葉で述べているのも、「苦労して得たお金のほうが、賢い使い方ができる」ということだと思います。

商人は同じ額のお金を儲けるにも、「苦労して儲けるようにしなさい」と言っているのでしょう。

千円程度のわずかなお金を儲けるにも、できるだけ苦労したほうがいいのです。そうすれば、その千円をどう使って、さらなる儲けを生み出すか工夫するようになります。

現代では、苦労という言葉を、「工夫」とか、「がんばる」と言い換えたほうが、わかりやすいかもしれません。

「楽して儲けよう」ではなく、「工夫して儲けよう」「もっとがんばって儲けよう」と考えるのです。

そのように知恵を出し、さらに努力を惜しまないことは、商人にとって非常に大切です。お金がたまるだけではなく、商売の知恵も蓄えていくことになるからです。

九訓 ◎ 服を派手にしても福は来ない

顔をよくするより金を儲けよ。裕福になれば自然に見かけもよくなる。

伊勢商人 諸戸清六《もろとせいろく》

商人はお客さまや取引先との交渉をするのが主な仕事ですから、見かけを気にする人が昔から多かったようです。

諸戸清六は、冒頭の言葉で「顔をよくする」と述べていますが、これは「見かけを気にして髪を整えたり、オシャレな着物を着たりする」といった意味でしょう。実際、血色をよく見せるために、頬に紅《べに》を塗るなどの化粧をしていた商人もいたようです。

しかし諸戸清六は、「そんな見かけを気にしている暇があったら、金を儲けよ」と述べています。

見かけを気にし、化粧やオシャレに夢中になりすぎて、肝心の商売が二の次になっている商人も当時はいたと思います。

また、諸戸清六は、「派手な格好をするな。質素な格好をせよ。不潔な格好はよくないが、着物などは質素で丈夫なのがいい」とも述べています。

オシャレに気をつかうあまり、お客さまよりもきらびやかな格好をして平気な商人がいたのかもしれません。

あまりに派手だったり、お金のかかった格好をしているようでは、商人はお客さまから敬遠されたり、信用されなくなったりすることになりかねません。

現代でも、お店で芸能人のような衣装を着た店員が現れたら、「何様のつもりだ」「ここで買って、だいじょうぶだろうか」と、お客さまは不安になってしまうのではないでしょうか。

あくまで商売のために、見かけに気をつかうのであって、度をすぎると、かえって商売のジャマになってしまうことを忘れてはならないでしょう。

商人の格好は、やはり「清潔感があって質素」がいいと思います。

十訓 ◎ 金銭管理は複数でやれ

金銭の出納《すいとう》には常に注意を払う。必要な時は、必ず番頭に相談してから行うこと。

大阪商人 住友友昌《すみともともまさ》

現代でも、お金の管理にルーズな商人やビジネスマンは意外と多いものです。

お金は非常に大切なものであり、管理に注意を怠《おこた》ってはいけません。

にもかかわらず、現実には、「店員が店のお金を勝手に使いこんでいた」とか、「帳簿と、実際にあるお金の金額が合わない」といった話をよく聞きます。

お金の管理にルーズな人は、いくら商売の才能があっても長く商売を続けていけないことが多いようです。結局はどこかで大きな損失を出して破綻《はたん》してしまうのです。

住友友昌は、住友家の五代目当主です。

その住友友昌も、お金の管理について注意をうながしています。

住友家の本店は大阪にありましたが、長崎にも支店を設けていました。

大阪の住友本店では、住友友昌が目を光らせ、間違いが起こる心配はなかったでしょう。

しかし、遠く離れた長崎支店は奉公人《こうほうにん》（従業員）たちの意識がゆるんで、お金の間違いが起こりやすい環境にありました。

ですから、長崎支店に対しては、なおいっそう金銭の管理について強く注意をうながしていたのでしょう。

冒頭の言葉に出てくる「番頭」とは、今で言う経理部長のような存在です。

「商売でお金が必要になる時には、担当者が自分の判断で勝手に持ち出すのではなく、必ず経理部長に申し出て、また相談してからにするようにしなさい」と言っているのです。

担当者が自分の判断で自由にお金を使えるようにしておくから、間違いが起きやすいということでしょう。

お金の出し入れには、お金の管理に責任を持つ人を含めて複数の人間が関わるようにしておけば、間違いが起こることは少なくなります。

第三章

「ルール」を決めて商売する人は必ず伸びる

——信用を築く

一訓 ◎ 取引では「常識はずれ」は避けておく

常識的な値段より安い商品を持ってくる者を信用してはいけない。

京商人 住友政友《すみともまさとも》

現在の住友グループのルーツは、江戸時代初期の住友家にあります。その住友家の家祖である住友政友は、現在の京都で薬の販売によって成功した商人です。住友政友の経歴がユニークなのは、じつは仏教徒だった、ということだけではありません。彼は、僧侶《そうりょ》でもあったのです。

住友政友は越前丸岡（現在の福井県丸岡市）に生まれ、幼い頃に母に連れられて京都へ行きます。そして、当時新興宗派だった涅槃宗《ねはんしゅう》に母と共に入信し、僧侶となりました。空《くう》禅《ぜん》という僧侶名をもらって修行に明け暮れる日々だったと言います。

しかし、徳川幕府の意向で涅槃宗が天台宗《てんだいしゅう》に組み入れられたのを契機に、僧侶生活に終止符を打って、薬と書籍を販売する商売を始めました。

当時、住友政友は四十五歳だったと言います。

そんな経歴もあってか、住友政友は常々、「商売は、何事もお客さまのために心をこめてやらなければならない」と言っていたそうです。

冒頭の言葉も、ユニークな内容です。商人であれば、ふつうは商品を安く仕入れたいと思うものでしょう。それだけ儲けが大きくなるからです。

しかし、住友政友は、「常識的な値段よりも安くモノを売ろうとする人間を信用してはいけない。その商品は盗品に違いないから、絶対に買ってはいけない」と言うのです。

いくら大きな利益が出るからといって、盗品を売ってしまったら、あとでお客さまに迷惑をかけてしまうことになります。

また、店の信用を失うことにもなります。

そんなことになれば、目先の利益のために商売を台なしにすることになりかねない、ということでしょう。

二訓　◎　借りをつくる時は相手を選ぶ

どんなに貧乏をしようと、ずる賢い人から受け取ってはならない。

京商人　住友政友《すみともまさとも》

商人は会社員と違って、毎月の収入が保証されているわけではありません。うまくいっている時は、それほど心配いらないでしょう。しかし、いったんつまずくと、収入が減ったり、まったくなくなったりして、経済的に苦しい状況に立たされます。

交通費や食事をするお金にも困る状況に追いこまれる時さえあるでしょう。

どんなに繁盛していても、何かのきっかけで、そのような貧乏生活におちいる可能性がつきまとうのです。

もし、そんな苦しい状況を見て、「助けてあげよう」と救いの手を差し伸べてくれる商売仲間がいるとしたら、その人たちは本当にありがたい存在です。

ただし住友政友は、「その相手がずる賢い人間であった場合には、けっして頼ってはいけない」と言うのです。

うっかりずる賢い人に借りをつくれば、「あの時に助けてやったのだから、今度は私を助けてくれ」と、とんでもない頼み事をしてくるかもしれません。

借りたお金に法外な利息をつけられて返済を迫られるような場合もあるでしょう。

ですから、どんなに困った状況であっても、ずる賢い人の施《ほどこ》しを受けてはならない、と住友政友は言うのです。

うまくいく時があれば、うまくいかなくなる時もあるのが商売です。

繁盛から急転直下、貧乏におちいれば、誰でも途方《とほう》に暮れるでしょう。

そんな時こそ慎重に行動しなければなりません。

住友正友の言葉は、現代社会にもそのまま通用すると思います。

三訓◎汚い手を使うな

出入りの業者から、遊興《ゆうきょう》の金をせしめてはならない。

大阪商人　**住友友昌《すみとももともまさ》**

住友家には、家祖である住友政友のほかに、業祖《ぎょうそ》と呼ばれる人物がいます。業祖とは、「事業面での元祖」という意味です。

名を、蘇我理右衛門《そがりえもん》と言います。

蘇我理右衛門も、住友政友と同じく涅槃宗の信者でした。三井正友が空禅という涅槃宗の僧侶であった頃の弟子だったのです。

それが縁で、住友政友の実姉《じっし》と夫婦にもなっていました。

蘇我理右衛門は京で銅《どう》を生産販売する商売をしていました。「南蛮吹《なんばんぶ》き」と呼ばれる画期的な銅の生産技術を開発し、商売は非常に繁盛していました。

徳川家康が豊臣家を攻め滅ぼした大阪夏の陣、冬の陣の歴史を見ると、豊臣家がこしらえた寺の鐘《かね》に徳川家康を呪《のろ》う文字が刻まれていたのが原因だという逸話《いつわ》があります。その鐘の原材料となった銅も、蘇我理右衛門が生産したものだったと言われています。

蘇我理右衛門の銅の商売は、その後、長男である蘇我友以《ともなち》が継ぎました。

一方、住友政友には男子がいなかったために、蘇我友以は婿養子に入って、住友の名で銅の生産販売の商売を続けていくことになりました。

住友家は、その後大阪に拠点を移し、この銅の生産商売で繁栄を築いていくのです。

冒頭の言葉は、その住友家五代目当主である住友友昌が書き残したものです。

「出入りの業者から、自分が遊ぶために賄賂《わいろ》を受け取ることを禁じる」という意味です。

家祖の住友政友も業祖の蘇我理右衛門も熱心な仏教徒だったからでしょうか、住友家の商売には、仏教的な道徳観が色濃く反映しています。

「悪いことをしてはならない」という仏教的な考え方も、住友家繁栄の要因の一つになったのでしょう。

四訓 ◎ 「知ってはいたが、つい……」は全部アウト

海外との取引では、禁制《きんせい》の品を扱わないように、くれぐれも注意する。

大阪商人 住友友昌《すみともともまさ》

個人や少人数で商売をしている人たちには、残念ながら法律に関する意識が薄い人が、たまに見受けられます。

そのため、法律違反という意識がないまま法的な問題を引き起こしてしまうケースもあります。

たとえば法的な許可を取らないまま路上で食べ物を販売して問題になる場合もあります。

お客さまの個人情報を名簿業者に売り渡してしまって問題になってしまうこともあります。

危険な商品を自分の勝手な判断でインターネット販売し、問題となるケースもあります。
そのような問題を起こした人たちの中に、「悪いことだとは知らなかった」という人が少なくないのです。

商売を始める時には、法律に触れることが含まれていないか、よく調べたほうがいいでしょう。そうしないと、場合によっては一生を棒に振ってしまうことにもなりかねません。問題を起こしてからでは、「悪いことだとは知らなかった」という言いわけが通用しないことが多いのです。

住友友昌も、冒頭の言葉のように「幕府の禁制に触れるような商品を扱ったり、また幕府から禁制に触れると疑われるようなまねは絶対にしてはいけない」と述べています。

当時、貿易品を扱うには幕府の許可が必要でした。禁制を犯したら即座に許可を取りあげられてしまう結果になります。そうなれば商売は立ち行かなくなります。

その危機感があったために、住友家では禁制品の扱いには神経を使っていたのです。

現在でも、法律で許可が求められている商売はたくさんあります。

ちょっとした不注意で法律違反を起こすケースもよく耳にします。

新しく商売を始める場合は、よく注意することが大切です。

五訓　◎　恩に着せる人に気をつける

「ヘタな恩義など受けないほうがいい」と心得ておく。

江戸商人　三井高房《みついたかふさ》

現在の三越百貨店や三井グループのルーツは、伊勢商人だった三井高利が江戸本町（現在の中央区日本橋あたり）に開業した越後屋呉服店にあります。

その三井高利の孫である三井高房が書いた『町人考見録』に、善六《ぜんろく》という人物が出てきます。

善六は、両替商（金貸し業）で大儲けした商人です。

ある大名家にも多額のお金を貸しつけていました。その大名から、「おまえには日頃世話になっているから、特別に武士の身分を与えて家来にしてやる」とおだてられ、いい気になってどんどんお金を貸してしまっていたのです。

江戸時代には士農工商《しのうこうしょう》という強い身分制度がありました。武士が頂点に立っており、商人は農民や職人よりもさらに低い身分でした。

この低い身分に劣等感を持っていた江戸商人は、少なくなかったようです。

ですから、「武士の身分を与えて、家来にしてやる」と大名から言われると、善六のように有頂天になってしまいがちでした。

しかし、これは商人からさらに金を引き出そうという武士の策略なのです。

実際、善六はその大名から借金を踏み倒されてしまいました。

善六は、江戸幕府の役人に訴訟《そしょう》を申し出ました。ところが、「おまえはその大名の家来なのだろう。殿様が家来に借金を返す必要はない」と訴えを拒絶されてしまうのです。

その結果、善六は破産しました。幕府の役人も武士なのですから、商人に味方するはずはなかったのです。

現代社会でも、権力や権威を持つ人とのつき合い方には注意しておくほうがいいかもしれません。上手におだてられて、せっかく儲けたお金を奪い取られないとも限りません。

六訓　◎　よけいなことは言わない

見たり聞いたりしたことでも、誰かに迷惑がかかる場合は、けっして口外しない。

博多《はかた》商人　島井宗室《しまいそうしつ》

いい商人の条件の一つに、「口が堅《かた》いこと」が挙げられると思います。

商人のもとにはお客さまや取引先など日々いろいろな人がやって来ます。やって来る人の口に乗って、たくさんのうわさ話も耳に入ってきます。

また、商人は、商売のためにいろいろな場所へ出かけます。

出かけた先で、一般の人の目には触れにくいことを見たりもするでしょう。

しかし、そのように聞いたり見たりしたことを、「あの人には、こんなうわさがある」

とか、「あそこはちょっとおかしい。先日、自分自身で行ってみたんだが」などと他人に軽い気持ちで言いふらさないほうがいいと思います。

「口は災《わざわ》いのもと」ということわざもあります。

「よけいなことを不用意にしゃべると身を滅ぼす原因になる。言葉が災難をもたらす」という意味です。

軽い気持ちで言ったことで、思わぬトラブルに巻きこまれるかもしれません。それが原因で、信用を失うことにもなりかねません。

ですから、商人は知っていることであっても知らないふりをして、よけいなことは言わないように心がけるほうがいいのです。

そのような意味の言葉を残しているのが、博多商人の島井宗室です。

九州の日本海側に当たる博多は、古くから、中国や朝鮮半島を中心にした海外貿易の拠点でした。

島井宗室も、貿易で成功した博多商人の一人です。とくに豊臣秀吉の時代に活躍し、江戸時代に入ってからも博多を基盤に商売を広げていきました。

冒頭の言葉は、江戸時代に入ってから、島井宗室が商売の後継者に残したものです。

七訓 ◎ 争いからは「走って逃げる」

口論が始まったら立ち去ること。腹立たしいことを言われても、聞こえないふりをすること。

博多商人 島井宗室《しまいそうしつ》

人と人との関係では、トラブルや揉《も》め事がよく起こります。

しかし、そのようなことに関わって、いいことは一つもありません。

心を乱されて商売が手につかなくなりますし、トラブルの相手から商売のジャマをされたりするかもしれません。

ですから商人は、日頃から人間関係のトラブルや揉め事に巻きこまれないように注意しておく必要があると思います。

商人にとって大切なことが二つあります。

・いい商品を提供してお客さまに喜んでもらうこと

・店を繁盛させ、末永く商売を続けていくこと

この二つの大目的を達成するために役立たないことはしない、というのは繁盛訓の一つではないでしょうか。

博多商人、島井宗室は、そのために二つのアドバイスをしています。

一つには、会合の席で他人同士の口論が起こったら、その場から去ることです。

一方の側に味方したりすれば、自分も口論に巻きこまれてしまいます。そうならないためには、その場から立ち去ってしまうのが一番いいと思います。

どうしても立ち去ることができない場合でも、どちらかに味方するような発言は避け、黙っているほうがいいでしょう。

もう一つには、腹立たしいことを言われても無視する、ということです。

悪口を言われたり、無礼な扱いをされたりすれば、誰でもが腹が立ちます。しかし、そこで怒ってしまったら、ケンカになってしまいます。何事もなかったように無視しておくほうがいいのです。

商品を他部署に渡す時は必ず捺印《なついん》を取る。お客さまに渡す際は十分に確かめる。

名古屋商人　小川伝兵衛《おがわでんべえ》

いいかげんな商品管理をしている店は、繁盛することはないと思います。いくらたくさんのお客さまでにぎわっていても、どこかで経営に影響が出て、やがては衰えてしまうことになるでしょう。

商売は、大きくなるにつれて、取り扱う商品の量と種類が多くなります。仕事も、仕入担当、製造担当、倉庫担当、販売担当、外商担当といった具合に細分化されていきます。商品は、その担当者から担当者へ、日常的に目まぐるしく行き来します。ですから、商品管理をしっかりしないと、どういう商品がどこにどの程度あるのか、わからなくなってしまいます。

注文された商品を期日までに渡せなくなったり、間違った商品を届けてしまう、といったミスも多くなっていくでしょう。

呉服屋を大繁盛させた名古屋商人、小川伝兵衛は、商品管理を徹底するために冒頭のような制度をつくっていました。

そのほかにも次のようなことを注意しています。

「お客さまから『この商品を貸してもらえないか。家に持ち帰って、気に入ったら買う』という要請を受けた時は、お断わりすること」

「在庫の状況を毎日確認し、品切れがないように注意しておくこと」

「お客さまの家へ商品を届ける場合には、必ずその人の家で渡すこと。道の途中で受け渡すようなことはしない」

商人にとっては、商品は金銭と共に大事なものです。金銭の管理と同様に、商品の管理にも気をつけなければなりません。単に「気をつけよう」と言うだけでなく、具体的な制度を決めるほうがいいと思います。

九訓　◎　ビジネスに無礼講はあり得ない

接待をする時は、大酒を飲んだり、ハメをはずしたりしない。

名古屋商人　小川伝兵衛《おがわでんべえ》

現代でも、大切なお客さまを酒席で接待することはよく行われます。

その際に注意しておきたいのが、冒頭の言葉です。

接待の目的は、お客さまを気持ちよくもてなすことにあります。にもかかわらず接待する商人のほうが大酒を飲んで、気持ちよくなってしまってはダメでしょう。

お客さまの前でハメをはずしてしまうなど、もってのほかです。

接待は、お客さまにとっては遊びですが、商人にとっては仕事なのです。

商人は、接待中も仕事の時と同様の礼儀を保つことが大切だと思います。「ハメをはずす」のではなく、適度に肩の力を抜き、くつろぐにとどめます。

そのためにも、小川伝兵衛は「商人は、お酒の席にあまり長居しないこと」とも述べています。

「もう一杯いきましょう」と誘ったり、「もう一軒どう?」という誘いに安易に応じたりして酒の席に長居していると、つい飲み過ぎてしまいます。その結果、ハメをはずしてしまうこともあるのです。

酔っ払ってしまう前に、頃合いを見計らって宴席を切り上げるほうがいいと思います。

もしお客さまがもう少し飲んでいたい様子なら、「私はちょっと仕事が残っているもので、お先に失礼します」と、自分だけ先に帰るほうがいい場合もあり得ます。

「お客さまを残して帰るなんて」と考える人がいるかもしれません。

しかし、あまりに長時間の接待では、お客さまに失礼なまねをして怒らせてしまったりする危険も増します。

それよりは、「お先に失礼します」と切り上げたほうがいいのではないでしょうか。

十訓◎出所が怪しいものは持つ者をも怪しくする

麝香《じゃこう》、竜脳《りゅうのう》などの貴重品で、出所《でどころ》が怪《あや》しい場合は、いっさい買いつけてはならない。

大阪商人　若狭屋太郎兵衛《わかさやたろべえ》

冒頭の言葉にある麝香とは、ジャコウジカという動物からとれる香料です。竜脳も香料で、リュウノウという樹木から採取されます。双方とも、とても上品で、いい香りがします。

ただし、どちらも日本国内では産出されず、麝香はチベット地方から、竜脳は東南アジアからの輸入品でした。非常に高価で貴重な品だったのです。

ですから、江戸時代の一般庶民はとても手が出ませんでしたが、公家《くげ》や武士、金持ちなどの間では愛用されていたようです。

冒頭の言葉を残したのは、大阪商人の若狭屋太郎兵衛です。

薬の販売で大成功した人物で、麝香や竜脳といった香料も一時的に取り扱っていました。

現代でも高価な商品は、とかくまがい物が出回るものです。

しかも、精巧につくられたまがい物は本物と見分けがつかないことがあります。たとえば偽ブランドのバッグや腕時計なども、専門家が見ないとわからなかったりします。

江戸時代も事情は同じだったでしょう。麝香だと言いながら偽物であったり、竜脳だと言いながら別の種類のものであったりするのですが、見た目は本物と変わりなく、注意しないと、うっかりまがい物をつかまされることになります。

まがい物を仕入れたり売ったりしてしまったら、高額商品だけに、発覚すればたいへんな損失を出すことになります。

ですから若狭屋太郎兵衛は、口をすっぱくして奉公人に「出所の怪しい物は買いつけないこと」と注意していたのです。

まがい物は、一般の値段よりも卸値《おろしね》が安くなっています。それに目がくらみ、「売れば、利幅《りはば》が大きい」などと欲をかくと、信頼をなくす場合が多いようです。

十一訓　◎　だましやすい人ほどだますな

異国の人との商売では、風俗や習慣が違っても、バカにしたりだましたりしてはいけない。

京商人　**角倉素庵《すみのくらそあん》**

グローバル化が進む現在は、大企業はもちろん、中小企業においても海外との取引が活発化しています。

日本国内で働く外国人も多くなり、多くのビジネスマンにとって「外国人とどうつき合うか」という問題が身近になりつつあると思います。

京商人、角倉素庵の冒頭の言葉は、その問題への答えのヒントを与えてくれます。

江戸時代は、三代将軍家光《いえみつ》の鎖国令《さこくれい》によって海外貿易が大幅に制約されていましたが、それまでの時代は盛んに海外貿易が行われていました。

角倉素庵は、その時代に海外との貿易を許された商人の一人です。

角倉素庵は、戦国時代に河川の土木工事を請け負って財産を築いた角倉了以《すみのくらりょうい》の子供です。八十人ほどが乗れる大型船にみずから乗りこんで、東南アジアの各港を行き来しながら、盛んに貿易を行っていました。

外国人は、日本人とは、まったく違った風俗や習慣を持っています。

今のような海外情報が広がっていない時代には、多くの人が外国人を見て、「文化水準が劣る野蛮《やばん》人だ」と見下す気持ちを抱いてしまいがちでした。

実際、江戸時代の人たちは、来日したポルトガル人やスペイン人たちを南蛮人《なんばんじん》とさげすんでいました。

南蛮人とは、「南方に住む野蛮な人」という意味です。

しかし、風俗や習慣が違うことを理由に相手を見下したり、バカにするのは誤りです。そんな態度では、少なくとも外国人と商売をしていけません。

風俗や習慣が違っても相手を尊重する気持ちを持っていてこそ、外国人との商売はうまくいくと、角倉素庵は述べていると思います。

第四章

何事も「長く続けられるか？」で判断しろ

——失敗を防ぐ

一訓◎「いい話」はあっても「おいしい話」はあり得ない

「おいしい話には落とし穴がある」と心得ておく。

江戸商人　三井高房《みついたかふさ》

現在の三越百貨店や三井グループのルーツである越後屋呉服店は、三井高利から、子の三井高平、孫の三井高房に引き継がれました。

この親子三代がそれぞれ残した著作の中でも、とくに三井高房の『町人考見録』は、三井家の精神を表すものとして長く読み継がれました。

『町人考見録』の面白いところは、見聞きした「商売の失敗の実例」をたくさん取り上げている点にあります。

三井高房は、商売の失敗事例を遺書という形で書き記《しる》すことで、「同じ失敗をしないように」と、後継者に注意をうながしていたのでしょう。

彼が取り上げている失敗事例には、現代の商人や経営者にも参考になる点が多いと思います。

たとえば、二村寿安《ふたむらじゅあん》という商人が出てきます。

二村寿安のもとへ、ある大名の家臣が来て借金を申し入れました。

その大名の家臣は、「借りた金を何倍にもして返す」と言うのです。

苦労しないで大儲けできるのですから、こんないい話はありません。しかも相手は大名ですから信用できるはずです。

そう考えて二村寿安は多額のお金を貸しました。

ところが実際には、大名に借金を踏み倒され、それがもとで二村寿安は破産してしまったのです。

『町人考見録』には、石川自安、中村内蔵助、善六など、大名に借金を踏み倒された話が数多く出てきます。

「おいしい話にはむやみに乗らないほうがいい」と、三井高房は述べています。

二訓 ◎ 商売の反対語はギャンブル

大きな利益をねらう投機《とうき》をしない。
商売の上で
賭《か》けや冒険はしない。

江戸商人 **古屋徳兵衛《ふるやとくべえ》**

「商《あきな》いは、飽《あ》きない」と、よく言われます。

「たとえわずかな儲けしか出なくても、飽きずにコツコツ商売を続けていくことが繁盛の秘訣だ」という意味です。

しかし、一方では「これだけがんばって、これしか儲けが出ないのか。こんな商売、もう飽き飽きだ」という思いにかられてしまう人もいます。

そういう人は、危ない投機に大金をつぎこみたくなるかもしれません。

投機とは、「うまくいけば大儲けできるが、失敗すると全財産を失ってしまう」というような、リスクの高いことにお金をつぎこむ行為をさします。

いわば「ギャンブル」「冒険」です。

コツコツと地道に儲けることに飽きた時に、一攫千金《いっかくせんきん》をねらう投機は、とくに魅力的に見えるものです。しかし、そんな時の投機は、たいていは失敗します。ですから、古屋徳兵衛は冒頭の言葉で「投機をしてはいけない」と述べているのです。古屋徳兵衛は、現在の百貨店の松屋《まつや》の基礎をつくった人物です。

越後《えちご》（現在の新潟県）で仕入れた布を江戸で売るという行商から身を立て、その後、呉服商となって成功しました。

昭和後期のバブル経済の時代には、一攫千金をねらって株式や土地へ多額の資金を投じて大失敗した企業が少なくありませんでした。

人には誰でも、「楽をして儲けたい」という気持ちがあります。

しかし、ほとんどの商売はけっして「楽をして儲かる」ものではないと思います。そのことをしっかり肝《きも》に銘《めい》じて、商売をやっていく必要があります。

そんな当たり前のことを思い出させてくれる冒頭の言葉だと思います。

三訓　◎　早く儲ける取引は早く損する取引

投機で一攫千金を得た者は、同じ投機で全財産を失う。

江戸商人　**三井高房《みついたかふさ》**

世界で初めて先物取引《さきものとりひき》が始まったのは、江戸時代の大阪だったと言います。

先物取引とは、ごく簡単に言えば、価格が変動する商品について、前もって「いくらの値段で買い取る」という契約を交わしておく金融取引です。

うまくいけば大儲けできる一方で、失敗すれば多額の損失を出してしまう投機的な取引です。

江戸時代、大阪での先物取引で取引額が大きかったのは米です。

当時は、日本国中の米がいったん大阪に集まっていました。

米は、産地の気象や自然条件によって価格が大きく変動します。豊作になれば価格がみるみる下がり、不作《ふさく》になれば価格は高くなります。

江戸時代は、しばしば不作に見舞われていました。そして、そのたびに大儲けする商人が現れました。

一度、大儲けの味をしめた商人は、再び多額の資金を米の先物取引に投じたくなるでしょう。

しかし、翌年、豊作で米の価格が下がれば、大損することになります。

三井高房は、「一攫千金をねらって米の先物取引に手を出す商人がいるが、末永く繁盛している者はいない。多くの商人がどこかで大損を出して家を潰している。末永く繁盛し続けたいのなら、商人の本分を忘れず地道に商売していくことだ」と述べています。

現代でも、一攫千金をねらった投資話に乗せられて、結局は大失敗してしまう人は少なくありません。

夢のような話に心を惑わされることなく、コツコツ商売を続けていくほうが、長い目で見れば賢いことなのでしょう。

四訓 ◎ 商売ではゆっくり進む者ほど遠くまで進む

地方には、堅実に商売をする人が多い。都会には、一時的な儲けにいい気になって家を潰す商人が多い。

江戸商人 三井高房《みついたかふさ》

東京のような大都会を歩いていると、お店の移り変わりが激しいことに驚かされることがあります。

一昨年までイタリアンレストランがあった場所に、去年は別の人が古本屋を開き、今年は洋服店になっている、といったことも珍しくありません。

そこそこ繁盛しているように見えていたお店がいつの間にか姿を消してしまい、同じ場所で別の人が別の商売をやっている、というケースが多いのです。

そういう様子を見るたびに、商売を長く繁盛させていくのは意外とむずかしいことだと実感させられます。

一方で地方都市は、大都会ほどお店がコロコロ変わっていくことは少ないように感じます。地方のほうが、長い間、商売を続けていける人が多いのではないでしょうか。

このような状況は江戸時代も変わりがなかったことを、三井高房が残した言葉が教えてくれています。

地方の商人は、性格的にあまり浮《うわ》ついたことを好まず、地道に努力していくタイプの人が多いのかもしれません。それが商売をする上では利点になるのでしょう。

一方、大都会で商売を始める人には、「ひと儲けしてやる」という野心が強いようです。

商人が野心を持つのは、悪いことではないと思います。しかし、野心家には、成功した時に「どんなもんだ」と有頂天になってしまい、ハメをはずして遊びや投機に走って失敗する傾向が強いようにも思えます。

消費者の多い大都会には、大きなチャンスが多くあります。

いったんつかんだチャンスを手放すことなく生かし続けるには、成功しても浮ついた考えを持たず、地方都市のように地道にコツコツと商売をしていくことが大切です。

五訓　◎　もてはやされた時が一番危ない

見かけばかりの繁盛を求めない。勢いに任せた商売をしない。

江戸商人　**三井高房《みついたかふさ》**

三井高房の『町人考見録』に、大黒屋九左衛門《だいこくやきゅうざえもん》という商人が紹介されています。放漫《ほうまん》経営の果てに家を潰してしまった人物です。

大黒屋九左衛門は、もともとは伊勢商人でしたが、「商売をやるからには、ド派手なことをしてみたい」という気持ちが強かったのです。

ですから、江戸本町の呉服店が売りに出ているという話を聞くと、渡りに船と多額の借金をして買い取りました。

そして、世間の関心を集めるために採算を度外視して大安売りを始めました。

そのため、一時的には大繁盛しました。

しかし、結局は借金を返せなくなって資金繰りに行き詰まり、家を潰すことになったのです。

それも当然に思えます。大黒屋九左衛門は帳簿もまともにつけておらず、家が潰れるまで店の経営状態を理解していなかったからです。

従業員も江戸出店の際に寄せ集めた人間ばかりで、最初から店への忠誠心などありませんでした。ですから、「店が危ない」といううわさが流れ始めると、ほとんどの従業員がすぐに辞めていったと言います。

現代にもド派手な商売を始めて世間の注目を浴びる企業がありますが、たちまち潰れてしまう場合が少なくありません。

商人が「どのようにして世間の注目を集めるか」を考えるのは大切なことであり、悪いことではないでしょう。

しかし、目立つことばかりを考え、でたらめな商売をしていたら長続きはしない、ということです。

六訓　◎　「紀伊国屋文左衛門の法則」を刻み込む

ちょっと儲かったからといって、いい気になっていると、あとで痛い目にあう。

近江商人　**松居遊見《まついゆうけん》**

江戸時代の豪商に紀伊国屋文左衛門《きのくにやぶんざえもん》という人物がいました。

紀州《きしゅう》（現在の和歌山県）出身の商人で、実家はそれほど豊かではなかったと言われています。

しかし、紀州地方で収穫されたミカンを船を使って江戸に運んで売りさばくという商売で大成功し、巨万の富を得ることができました。

また、江戸で大火事（明暦《めいれき》の大火）が起こった際には、現在の長野県で生産される建築用の材木を買い占めて売りさばき、再び巨万の富を得ました。

しかし、紀伊国屋は一代限りで潰れてしまいました。

紀伊国屋文左衛門は大成功したことにいい気になって傲慢《ごうまん》になり、ぜいたくな暮らしにふけるようになってしまったのです。

その結果、新しく手がけた商売に大失敗し、せっかく儲けたお金をすべて失ってしまいました。

紀伊国屋文左衛門は、晩年は無一文の貧乏生活だったとも言われています。

現代でも、事業で大成功したのに、その後いい気になって調子に乗った振る舞いをし、大失敗してしまう人が少なくありません。

冒頭の言葉は、近江商人である松居遊見の言葉です。

生糸《きいと》や布類などの行商から身を立て、江戸や京都に店を持つまでに成功した人物です。

松居遊見は彦根《ひこね》（現在の滋賀県）藩主の井伊直弼《いいなおすけ》に取り立てられ、士族《しぞく》の身分を与えられました。

しかし、松居遊見は、「いい気になってはいけない」ということをモットーに謙虚な気持ちで商売を続け、紀伊国屋文左衛門のような失敗はしませんでした。

七訓◎「商売で儲けた金は商売に使う」のが鉄則

商売で失敗するならまだしも、遊びほうけて家を潰すなど、もってのほかだ。

江戸商人　三井高房《みついたかふさ》

三井高房の『町人考見録』に、糸屋十右衛門《いとやじゅうえもん》という商人の話が取り上げられています。

糸屋十右衛門は越前敦賀の出身で、福井地方で生産される米を大阪へ運んで売りさばき、一代で巨万の富を築きました。

その後、京都へ移って金貸し業などを営んでいたのですが、ぜいたく三昧《ざんまい》の生活で世間を驚かせていました。

ある時は高価な茶道具を千両の金で買い取り、支払いの際には大八車《だいはちぐるま》（荷物運搬用の二輪車）に代金を山のように積み上げ、京都の町中を練り歩いて世間の人を驚かせたと言います。

公家の歌会などにもよく参加し、お金を湯水のように使ったと言われています。

また、自分で禅宗の寺を建て、金箔《きんぱく》を張りつめた御堂《みどう》をつくったりしました。

その結果、儲けたお金をすべて使い果たし、家を潰してしまったのです。

商人は、商売で失敗して大きな損を出すことはあると思います。

大きな失敗はせず、一生懸命にがんばっていても、どうしようもない理由から家を潰してしまうこともあるでしょう。

しかし、「商売に関係ないことに儲けたお金を使い果たして家を潰してしまうなど、商人の風上《かざかみ》にも置けない。もってのほかのことだ」と、三井高房は述べています。

商人は、まずもって、お金の大切さを心に深く刻みつけておかなければならないと思います。

そうすれば、商売とは関係のないことでお金をムダづかいし、失敗してしまうこともないでしょう。

八訓◎長生きを商売術の一つにせよ

誰もが長寿と裕福を好む。誰もが病苦と貧乏を嫌う。だが、長寿と裕福を保つ人は少ない。

江戸商人　**三井高房《みついたかふさ》**

「長生きして、死ぬまで元気一杯働きたい」と、誰でも思います。また、「末永く裕福な生活を送りたい」と願います。

商人は商売をもっと繁盛させたい、お客さまをもっと喜ばせたいという気持ちが強く、長生きや裕福な生活を望む気持ちも人一倍強いものです。

現在の東京銀座にある、ある老舗《しにせ》の夫婦は、八十歳をすぎても一緒に店に出てお客さまの対応をしていました。その夫婦は、「隠居して楽をしてしまったら、体が弱ってしまう。

店に出て働いているほうが元気でいられる。この年になっても商売で儲けを出すのはうれしいし、気持ちにも張りが出る」と言っていました。

そのように考える商人も多いのではないでしょうか。

しかし、一方で、長寿と裕福を望みながら、ちょっと儲かったら毎晩のように大酒を飲んだり、商売そっちのけで遊びに熱中してしまったりする人もいます。

そして体を壊して病気になり、その結果、財産を失ってしまう人もいます。

三井高房は、「長生きして、商家を裕福にすることを『商人としての役割』と考えて、一生懸命に働くことが大切だ」と述べています。

武士には「世の中を治める」という役割があります。農民には「田畑を耕す」という役割があります。職人には「生活道具をつくる」という役割があります。僧侶には「修行によって悟りを得る」という役割があります。

それと同じように、商人にも役割があるのです。

三井高房は、「長生きして、商家を裕福にすることこそ商人の役割だ」と言うのです。

遊興のためにお金をムダづかいすることは、商人の役割から、はずれてしまう行為なのです。

九訓 ◎ 見かけを飾らない人に富が来る

住友家で働く者は、他店で働く者よりも、粗末な衣服を着るように。

大阪商人 住友友昌《すみともともまさ》

住友家の五代目当主である住友友昌は、『住友長崎店家法書《すみともながさきてんかほうしょ》』という文書を書き残しています。

住友家の本店は大阪にありましたが、長崎にも支店を設けていました。『住友長崎店家法書』は、その長崎支店で働く者に対する、いわば業務マニュアルです。

この中には、興味深い言葉がたくさんあります。

長崎支店は銅の海外輸出を行い、住友家の重要な拠点になっていました。

江戸時代は鎖国《さこく》政策によって、海外との自由な貿易が禁じられていました。しかし、海外貿易が認められている場所が一か所だけありました。

それが長崎です。

江戸時代、日本は銅の産出国として世界に知られていました。実際、銅は日本の貴重な輸出品だったのです。

その銅の輸出業務を担っていた住友長崎店は、莫大《ばくだい》な利益を上げていました。しかし、大きく儲けているからこそ、むしろ粗末な衣服を身につけるようにと、住友友昌は奉公人に申しつけていたのです。儲けていることにいい気になって、ぜいたくな衣服を着ることをいましめたのです。

謙遜《けんそん》と質素を大切にする、この住友家の家風《かふう》は、家祖の住友政友や、業祖の蘇我理右衛門から受け継がれてきたものです。

商売の主役は、あくまでもお客さまです。店員がお客さまよりぜいたくで、きらびやかな衣服を着て目立っているようでは、繁盛する店にはならないのではないでしょうか。

店員のほうが主役になっているような店で、お客さまは気持ちよく買い物はできないからです。

職場で碁《ご》・将棋《しょうぎ》などをしないこと。休憩時間に、お客さまから見えない場所でする。

大阪商人　住友友俊《すみとももとし》

レストランやスーパーマーケット、家電販売店などに入った時、店員が、仕事中にもかかわらず悪ふざけをし合っていたり、私用の携帯電話をしていたりする光景を目にすることがあります。

もちろん、印象はよくありません。

「この店には、もう来たくない」という気持ちにさせられる人もいるでしょう。

江戸時代にも、そのような不まじめな人がいたと思います。

住友友俊は、体が弱かった兄の住友友昌に代わって事業の経営を任された人物ですが、住友家のような豪商の店でも、大きくなるにつれ、気がゆるんだ奉公人が増えてきていたのです。冒頭の言葉から、そんな様子が見て取れます。

気がゆるんだ奉公人を放置しておけば、商売が衰退することになりかねません。そこで、住友友俊は注意をうながしたのです。

アメリカの自動車産業が、一九八〇年代、非常に衰退したことがありました。

当時、アメリカの自動車工場では、従業員たちの規律がとても乱れていたそうです。タバコを吸いながら作業をしている者や、仕事中にもかかわらず、ずっとおしゃべりばかりしている者がいたり、持ちこんだラジオの音楽に合わせて踊っている者もいたりしたということです。

そのためにアメリカ車は欠陥が多く、すぐに故障するようになったと言われています。故障が少ない日本車に押されて自動車産業は低迷していきました。

このように、従業員の気持ちのゆるみや規律の乱れが事業の継続を危うくしてしまうばかりか、産業全体を危機におとしいれる場合もあるのです。仕事と個人的な遊びを混同している従業員がいたら、強く反省をうながすほうがいいでしょう。

十一訓 ◎ 禁欲は今も昔も変わらぬ商人の武器

四十歳までは遊びなど考えず、商売に専念する。五十歳になったら遊びを持ってもいい。

博多商人 島井宗室《しまいそうしつ》

江戸時代の落語には、商売そっちのけで歌舞伎《かぶき》見物などの遊びに夢中になり、親から勘当《かんどう》（縁切り）されてしまう二代目の若旦那《わかだんな》が、よく登場します。

親は店を創業した初代であり、一生懸命、商売に精を出しますから、店は繁盛し、大きくなっていきます。

しかし二代目は甘やかされて育った、いわゆるお坊ちゃんです。

心のどこかに、「汗水流してコツコツ働くなんてバカらしい。それよりも楽しく遊んでいるほうがいい」という考えがあるのでしょう。

「二代目にして家を潰す」という言葉がありますが、落語の中ばかりではなく、初代が繁盛させたお店を二代目がダメにしてしまうケースが実際にも多かったようです。

そんなこともあって、博多商人である島井宗室は、跡継ぎの二代目にわざわざ冒頭の言葉を書き残したのでしょう。

もう少し詳しく島井宗室の言葉を紹介すると、「商人は、四十歳までは、遊びなどいっさいする必要はない。バクチや賭け事はもちろん、碁、将棋、謡《うたい》(能楽)、舞《まい》、宴会、魚釣り、月見、花見など、すべて禁じる」というのです。

言ってみれば、「商人になるからには、よけいな遊びなどせず、ひたすら商売に専念する」ということでしょう。

ちょっと厳しい感じがしますが、それだけの覚悟がなければ商人として成功できない、ということなのかもしれません。

現代でも、このくらいの意気ごみがある人こそ成功できる、という気もしてきます。

ただし島井宗室は、五十歳をすぎて時間の余裕を持てるようになったら、人生を楽しむための遊びや趣味を持ってもいいと述べています。

第五章

自分の現状にとらわれずに発想せよ

――魅力を磨く

一訓◎「気持ちだけは負けない」人が伸びていく

天秤棒《てんびんぼう》をかついで商売していても、「世の中に貢献するためにがんばっている」という大きな気概を持つ。

近江商人　小林吟右衛門《こばやしぎんえもん》

江戸時代、資金力がある商人は店を構えて商売をしていました。さらに裕福な商人であれば、大阪、京都、江戸といった大消費地に大きな店を構えていました。

しかし、お金のない商人は、いきなり店を構えることはできません。商売を始めたばかりの若者であれば、なおさら店を構えることなど不可能です。

彼らは商品を天秤棒でかつぎ、みずからお客さまの家を歩き回って商売をしていました。いわゆる行商です。

近江商人の小林吟右衛門は、「たとえ大きな店を構える資金力がなく、天秤棒一本で商売をしているしがない商人でも、『私はお客さまに喜びを与え、世の中に役立つ立派なことをしている』という強い意志を持つことが大切だ」と言っています。

資金の面では負けても、気持ちだけは大きな店を構える商人に負けてはならない、ということでしょう。

そのような強い意志を持ってまじめに商売をしていけば、きっといつかは成功して、大きな店を構える大商人に出世できる、ということだと思います。

実際に小林吟右衛門は、天秤棒で笠《かさ》を売り歩くことから商売を始めました。

そして、まじめに一生懸命に働き、行商で蓄えたお金を元手に江戸へ店を出し、呉服の商売で大成功しました。

ついには大商人と呼ばれるまでになったのです。

小林吟右衛門自身も、天秤棒で商売をしていた頃から、「私は立派なことをしている」という強い意志を持っていたのでしょう。

現代も、小さな会社を起業する若者は少なからずいます。小林吟右衛門の言葉は、そんな若者に勇気を与えると思います。

二訓　◎　必要なのは能力より心の力

近頃の者は読み書きソロバンができればいいと思っているが、商売への真剣な意識が欠けていれば、いい仕事はできない。

大阪商人　住友友俊《すみとももとし》

江戸時代、商売に必要な技能は、まずは文字の読み書きとソロバンでした。現代でもそれらの能力は重要です。

ソロバンは計算力というより、経理の知識になるでしょう。そのほかにパソコンの操作能力や、場合によっては外国語の技能も必要になってくるかもしれません。

ただし、そのような技能さえ身につけていれば商売がうまくいくかといえば、そうではありません。

読み書きや経理の知識は豊富でも、お客さまへの対応がまったくダメ、という人もいるでしょう。パソコンや外国語の技能がすぐれていても、ちっとも売り上げを伸ばせない人もいるようです。

住友友俊は、「近頃の従業員は、仕事の技能面だけ見れば一人前だが、商売への真剣さや熱心さに欠けている人間が多い」と嘆いています。

この言葉も現代に通じているように思えてなりません。

「知識がある、技能がある」だけでは、いい商売はできません。

商売の原点である「いい商品、いいサービスを提供することで、お客さまに喜んでもらいたい」「商売を通して世の中を明るく活気あるものにしていきたい」という情熱と信念がなければならないのではないでしょうか。

知識や技能よりも、むしろ熱意や信念のほうが大切だと思います。

住友友俊は、「情熱や信念を持たない人間」が増えることは商売を衰退させていく原因になりかねないと、危機感を抱いていたのでしょう。

経営者も従業員も、商売は「心」でするものだという原点に立ち戻る必要があると思います。

三訓　◎　商売とは人の幸せ願望をかなえること

世を治めるには「王道《おうどう》」と「覇道《はどう》」がある。商人は王道を歩んでいくこと。

江戸商人　**三井高房《みついたかふさ》**

「王道」「覇道」は、古代中国、戦国時代の政治思想で、儒教《じゅきょう》の思想家、孟子《もうし》が唱《とな》えた言葉です。

「王道」とは、「王が力ではなく、愛情をもって人をまとめていく。天下のためのことをいつも念頭に置きながら統治を行っていく体制」を意味します。

「覇道」とは、「王が絶対的な権力を持ち、力によって人を支配していく。人々は王への服従を強いられる体制」を意味します。

三井高房は、多くの成功した商人、失敗した商人を見ながら、あることに気づきます。それは、「成功した商人に共通しているのは『王道』によって店を経営している点だ。一方、失敗した商人に共通しているのは『覇道』によって店を経営している点だ」ということだったのです。

ですから自分の後継者たちに、「くれぐれも『王道』の精神を忘れないように」と書き残したのです。

覇道の経営者は、悪い意味のワンマンになるものです。「大儲けしたい」「身分を上げたい」「ド派手な商売をしたい」といった自分勝手な思いから、危なっかしくでたらめな商売をしがちです。

奉公人たちは解雇《かいこ》が怖く、意見を言うこともできません。

経営者は、なおさら一人で突っ走り、ついには破滅してしまうのです。

王道の経営者は、奉公人たちの幸せを願って、またお客さまや天下のためを思って、無茶な商売はしません。地道で献身的な商売を守っていきます。

したがって、王道の商人は末永く繁盛するのです。

このような事情は昔も今も変わらないと思います。

四訓　◎　「儲ける技術」にのめりこむな

大儲けをねらって、買い占めや売り惜しみをするのは、心のいやしい商人がやることだ。

近江商人　中井源左衛門《なかいげんざえもん》

江戸時代、経済の基盤にあったのは米でした。

各大名が支配する国（藩《はん》）の力は、その土地からとれる米の生産量によって決まっていました。武士への給料も米の量によって計算されていました。

ただし、米は自然がはぐくむ作物です。たくさん収穫できる年もあれば、あまり収穫できない年もあります。

江戸時代は農業技術が現代ほど発達していませんでしたから、米は冷害などによってたびたび不作に襲われました。

不作になると米の値段が上がります。それにともなって、あらゆる商品の価格も上がっていきます。

その際、中には物価の上昇を見こんで商品を買い占める商人も現れました。お客さまには売らずに、倉庫にしまっておくのです。そして不作になり、その商品の価格が上がったところで一気に売りさばくのです。

そうすれば大儲けすることができます。

二代目中井源左衛門は「そのようにものを買い占め、売り惜しみ、世間の人たちが困っている時に高い値段で売って大儲けするような商人は、心がいやしい」と述べています。

そこには、「商人がしなければならないのは世間の人たちを幸せにすることだ。世間の役に立つことだ」という考え方があったのでしょう。

中井家は、もともと食器や薬の行商から始まった近江の商家でしたが、二代目中井源左衛門の時にさらに繁盛し、商売の幅を広げていきました。

結局、目先の利益よりも、「世のため人のため」を考えてまじめに商売していく商人のほうが長く繁盛していくということでしょう。

五訓 ◎ 自分の利益と人の利益はリンクする

商売とは菩薩《ぼさつ》の行為である。だからこそ商売は尊《とうと》いのだ。

近江商人 **初代伊藤忠兵衛《いとうちゅうべえ》**

江戸商人には、仏教の教えに影響を受けた人がたくさんいました。中でも近江は、仏教に篤《あつ》い信仰を持つ商人が多い土地柄でした。

冒頭の言葉を残した初代伊藤忠兵衛も、そんな近江商人の一人です。現在の総合商社、伊藤忠商事の基礎をつくった人物です。

「菩薩」とは、仏教で「仏になることを目ざして修行している人」を意味します。「如来《にょらい》」（悟った人）については、深い悟りの境地に達している存在とされています。

また、菩薩は「自利利他《じりりた》の精神で、ほかの修行者を助けながら共に仏への道を進んでいく存在である」ともされています。

伊藤忠兵衛は、「商人もまた、自利利他の精神によって、自分が利益を得るだけでなく、世の人々に利益をもたらす存在だ」ということを言いたかったのでしょう。

「自利利他」は、仏教の言葉です。

「自分の利益となる行為が他人の利益になる」という考え方です。

商人の場合は、まずは商売で儲けることが大切です。

ただし、それがお客さまの利益につながらなければなりません。自分の利益がお客さまの利益につながることが、商人の喜びなのです。

「この自利利他の精神を忘れずに商売をしていけば、商人は世の中から必要とされ、立派にやっていける」と伊藤忠兵衛は考えたのだと思います。

現代の商人の中で、もっとも忘れられているのは、この自利利他の精神なのかもしれません。

現代の商人が、今一度、この自利利他の精神に立ち返ることができれば、もっといい世の中になりそうにも思えます。

六訓 ◎ 正直者は最初はバカを見ても最後にいい目を見る

「阿呆《あほう》」と言われるくらい正直な商売をする人が、商家の主人にふさわしい。

京商人 下村正啓《しもむらしょうけい》

「正直者はバカを見る」ということわざがあります。

「この厳しい世の中を生きていくには、多少ずる賢いところも必要だ。まっ正直に生きていたら損をするだけだ」という意味です。

実際、このことわざの通り、「多少のずる賢さは必要だ」と信じて生きている商人も少なくないでしょう。

しかし、冒頭の言葉を残した京商人、下村正啓は、そのような考え方を正面から否定しています。「バカ正直に商売をしなさい」と言うのです。

下村正啓は、京都で代々続く呉服屋を継ぎました。それまで店はうまくいかず、苦しい状況だったのですが、彼が主人になってから盛り返し、大阪や江戸にも店を出すほど繁盛しました。

それが、現在の大丸《だいまる》百貨店につながっていきます。

ずる賢い商売をすれば、儲けを多少増やすことはできるでしょう。しかし、長続きはしないと、下村正啓は考えたのではないでしょうか。

商売を長く繁盛させていくには、末永くお客さまから支持されなければなりません。支持されるために大切なのは、「ずる賢さ」よりも「正直さ」だと思います。

下村正啓は、「先義後利《せんぎこうり》」という字を掛け軸にして各店へ配布していたと言います。これは中国の儒教学者である荀子《じゅんし》の言葉が原典で、「利益よりも、義を重んじる」という意味です。

下村正啓は、「商人にとっての義とは、正直な商売でお客さまを第一に考えることだ」と理解していたのでしょう。

また、そうすることで、あとになって商売が繁盛するということにもなります。

七訓◎自分でやるのが元気を養う秘訣

一生を通じて、こまめに体を動かす習慣を持つ。人任せにして楽をしようと思わない。

博多商人　島《しま》井《い》宗室《そうしつ》

商売の基本は体力です。

体力が充実していてこそ、元気一杯に働けます。

お客さまも、元気で明るい商人を好みます。暗くて元気のない人から買いたいと思うお客さまは、あまりいないのではないでしょうか。

とくに商店の主人のように、人の上に立ってみんなをまとめていく役割にある場合は、いつも元気一杯でなければいけません。

主人が元気だからこそ、従業員に活気があふれ、店の雰囲気も明るいものになっていくのです。

博多商人の島井宗室は、商人が元気を保つコツを「日頃からこまめに体を動かすこと」だと述べています。

島井宗室は、冒頭の言葉の具体策として、次のようなことを挙げています。現代のビジネスに即して考えてみましょう。

・人に「あれを取って」と言わない。自分で立ち上がって取りに行く
・雑用を人にやらせない。コピー取り、お茶くみなど、すべて自分でやる
・重い荷物も自分で持つ。人に持たせない
・タクシーを使わない。できるだけ歩いて移動する

時間があればスポーツクラブに通ったり、ランニングを習慣づけたりするのは、理想的な方法の一つです。

しかし、忙しい人に、そのような時間はなかなかつくれないでしょう。

そんな場合でも、島井宗室が指摘しているようなことを心がけるだけで、日常生活の中で元気を養っていくことができます。

八訓◎「外出」を減らそう

どうでもいい会合には出ない。用もないのに出歩かない。店にいて商売に目配りするほうが大切だ。

博多商人　島井宗室《しまいそうしつ》

商売をやっていると、雑多なつき合いが多くなります。

業界団体の会合、商店街の寄り合い、商売の勉強会、商売仲間との慰安旅行、取引先や銀行などから誘われる飲み会、ゴルフ大会などです。

年末年始や年度の変わり目など、時期によって行事が立て続くこともあるでしょう。

しかし、「断れない」「義理がある」と、会合やつき合いのすべてに出席していたら、商売がそっちのけになってしまいます。

断り切れない会合やつき合いももちろんありますが、重要性が薄いものには無理をして顔を出すことはないと思います。

それより、まずは自分の商売を繁盛させることに専念したほうがいいと思います。

現代の言葉で言えば「優先順位をつける」ことが大切です。

商売は、必ずしも楽しいことばかりではありません。

お客さまの喜ぶ顔を見れば楽しい気持ちになりますが、つらく、大変なことのほうが多いものです。そのつらさを考えると、仲間とお酒を飲んだりゴルフをしたりしているほうが、ずっと楽だと思ってしまいます。

その結果、商売に打ちこんでいる時間より、会合やつき合いに出かけている時間のほうが多くなる人もいるようです。

しかし、それでは商売がうまくいかなくなるでしょう。

ある銀行の融資《ゆうし》担当者が、「大企業ならまだしも、中小企業や商店の代表者が外を出歩いてばかりいて、いつも仕事場にいないようだと危ない」という話をしていました。

商売よりも会合やつき合いに時間を多く取る代表者のもとでは、従業員もやる気をなくします。それでは商売が長続きするわけがありません。

毎日わずかな時間でも神仏を礼拝すること。各人が信仰する神仏の名を口にする。

江戸商人　十一代目伊藤次郎左衛門《いとうじろうざえもん》

江戸時代に繁盛した商人たちは、ほぼすべて、深い信仰心の持ち主でした。

十一代目伊藤次郎左衛門などは、「信仰心のない者は、人間の皮をかぶった獣《けもの》同然である」とまで述べています。

おのれの欲のためだけに生きているのが獣です。

十一代目伊藤次郎左衛門には、「商人は、獣のように『金儲けしたい』という自分の欲望のみで生きてはいけない。自分は質素倹約につとめて、お客さまの幸せのため、世の中の発展のために、商売をしていかなければならない。そうすることが店を末永く繁盛させることにつながる」という考えがあったのでしょう。

「欲を捨てる」「質素倹約につとめる」という考え方は、仏教の思想につながります。

また、「お客さまや世間のためを思う」という考え方も、仏教の「自利利他」「慈悲《じひ》」の考え方と重なります。

商売繁盛への願いは仏教だけではなく、恵比寿天《えびすてん》や大黒様《だいこく》といった神様への祈りにもつながります。ですから十一代目伊藤次郎左衛門は、神仏を礼拝することを奉公人にも勧めていたのです。

ただし彼は、冒頭の言葉のように、「自分が信仰する神仏」とも述べています。これは、「信仰心を持つことは勧めるが、どの宗派を信じるかは各個人に任せる」ということを意味します。

当時は当主が、自分が信仰する宗派を奉公人にも強要するケースが多かったようです。しかし、十一代目伊藤次郎左衛門は、奉公人の心の問題にまで立ち入ることは避けたのです。今の言葉で言う「信教の自由」を認めたのです。

このような節度のある態度も、商売人には大切だと思います。

第六章

窮屈な時代を「大抜擢」で打ち破る

——能力集団をつくる

一訓◎「あなたを大切にしますよ」というサインをまず出す

経営のかなめは人材登用にあり。有能な人材を用いて、才能を発揮させる。

江戸商人　三井高平《みついたかひら》

江戸の商家は同族経営でした。

血縁の者が要所要所の重要なポストにつきます。

しかし、血縁者だけで店の運営をしていたのでは、どこかで商売が行き詰まると考えたのが、越後屋のオーナーである三井家の人たちでした。

三井越後屋も基本的には同族経営だったのですが、一方で、血縁者以外に有能な人材がいれば積極的に登用し、重要な仕事を任せていました。

また、一生懸命がんばってお客さまを増やし、売り上げを伸ばしている奉公人には「合《ごう》力金《りききん》」を支払う制度もありました。

合力金とは、今で言うボーナスです。

つまり、決められた給与に上乗せしてボーナスを支払っていたのです。

三井越後屋では、このように奉公人を大切にする風土が、初代三井高利から後継者たちに延々と受け継がれていました。

そのような人事制度も、越後屋を繁盛させた要因の一つでしょう。

店が繁盛するにつれて、ライバル店が、仕事のできる越後屋の奉公人を引き抜こうとすることもあったと言います。

いわゆるヘッドハンティングです。

しかし、引き抜きに応じて越後屋を去った奉公人はいなかったと言われています。

それだけ越後屋の人事制度はすぐれていたのでしょう。また、三井家の人たちの奉公人への愛情が篤かったという証《あかし》だと思われます。

現代でも、経営者が従業員を大切にしない会社やお店は、すぐに滅びてしまうものです。

人を大切にする会社やお店が繁盛するのは、昔も今も変わらない法則なのです。

二訓　◎　いい人材とは新しい発想をもたらす人

時代遅れの古い発想しかできない者は用いず、時代に合った新しい発想ができる者を用いる。

江戸商人　三井高平《みついたかひら》

流行の移り変わりが早いのが、商売の世界です。お客さまのニーズは日進月歩《にっしんげっぽ》で変化しますし、お客さまに喜んでもらえる商売のやり方もどんどん新しいものが出てきます。

去年まで売れ筋だった商品が、今年はまったく売れなくなったりします。

つい先日までうまくいっていた商売のやり方が、突然、まったく通用しなくなることもあります。

商売を繁盛させるには、そのような時代の変化に敏感な感性を持ち、柔軟に対応していく能力も大切だと思います。

三井越後屋は、後発の商店でした。

初代の三井高利が江戸本町に越後屋呉服店を創業したのは寛文《かんぶん》十三年（一六七三）でした。徳川家康が征夷大将軍《せいいたいしょうぐん》に任じられ、江戸に幕府を開いたのが慶長八年（一六〇三）ですから、それから七十年もたって開業したのです。

当然、大きな呉服店がすでにいくつもありました。

そのような既存《きぞん》の呉服店に負けずに商売を繁盛させていくには、ほかの店がやっていないような斬新《ざんしん》な商売の方法を編み出し、新しい感覚を持ったお客さまの心をつかんでいくしかなかったのです。

既存の呉服店と同じ商売のやり方をしていたら、後発の三井越後屋が勝てるはずはありませんでした。

そのためにも、時代に合った新しい発想ができる人材が必要だったのです。

今、商売を始めようとしている現代人にとっても、新しい発想ができる人材をいかに用いるかは商売繁盛の重要なポイントになるでしょう。

三訓 ◎ 「能力ある人」と「能力だけはある人」を区別する

若い人間でも、すぐれた能力がある者は引き立て、大きな仕事を任せる。

近江商人 **市田清兵衛《いちだせいべえ》**

江戸時代の商店の人事制度は、基本的に年功序列《ねんこうじょれつ》でした。その店で働いてきた年数が長くなるほど、より高い地位についていく制度です。この制度を無視して若手に高い地位を与えたりすれば、ベテラン奉公人の嫉妬やヒガミを買って、店の和が乱れる原因になってしまいます。

行商から身を起こした近江の豪商、市田清兵衛も、「ベテランを差し置いて若手に高い地位を与えることは許さない」と述べています。

しかし、市田清兵衛は、例外も設けています。

それが冒頭の言葉です。

「ただし、もし若手の中でずば抜けて能力がある者がいたら、高い地位を与えて大きな仕事を任せてもいい」というのです。

ベテランの中には、「経験や知識はあるが商売のセンスがない」「まじめに働くが画期的な発想はできない」「自分の保身しか考えていない」というタイプの人たちもいるかもしれません。

確かに店の運営には、そのようなベテランの存在も大切でしょう。しかし、商売をさらに発展させていくためには、すぐれた能力がある若手がいたら思い切って抜擢《ばってき》する必要もある、ということだと思います。

さらに市田清兵衛は、次のようにも書き加えています。

「もし抜擢した若手が、能力があることにうぬぼれてわがままな振る舞いをしたり、ベテランを軽んじるような態度を見せたなら、ただちにその若手を解雇してしまうのがいい」と言うのです。

人使いの上で参考になる言葉だと思います。

四訓 ◎ 人材評価は相手の口を開かせることから

その仕事を担当する者に意見を言わせる。どういうことを言うかで、力量がわかる。

大阪商人 住友友俊《すみともともとし》

この言葉は、店の中間管理職に対して述べられたものです。

兄の住友友昌に代わって銅の生産販売に打ち込んだ住友友俊は、商売を活性化させるために、奉公人に対して能力主義を積極的に取り入れていました。

若手であっても、能力がすぐれていれば抜擢し、大切な仕事を任せていました。

現場の実務を取り仕切っている管理職には、「部下に能力がある者がいたら推薦せよ」と命じていました。

とはいえ、その人に能力があるかどうかを見きわめるのは、じつはむずかしいことなのです。

住友友俊は、「管理職が下の者に、『これはああしなさい。これはこうしなさい』と一方的に仕事を指図《さしず》していては、下の者がどのような能力を持つかは、わからない」と考えていました。

そして、能力を見きわめるには、部下に、「おまえは、どう工夫すれば、もっと仕事の質がよくなると思うか」と聞き、意見を言わせるほうがいい、と考えました。

意見を言わせれば、能力のない若手は、的外《まと》れな答えをしたり、答えられずに黙りこんでしまうでしょう。

しかし、能力のある若手であれば、管理職が「なるほど」と思える意見を言ってくるでしょう。

住友友俊は、「もし、その若手が『なるほど』と思えるようなことを言ってきたら、その意見を採用し、意見通りに仕事をやらせてみればいい」と述べています。

人の育て方のヒントになる言葉だと思います。

五訓 ◎ 年功を重視しすぎるとベテランはダメになる

年功のある者でも、大事な仕事にふさわしくなければ任せない。

大阪商人 住友友俊《すみとももととし》

昔も今も、勤続年数が長く、ある程度の地位についているからといって、その人が必ずしもいい仕事をするわけではありません。

ある程度の地位についたことに安心して仕事を怠《なま》ける人間も出てきます。長く働くうちにマンネリとなって、やる気や発想力が衰えている場合もあるでしょう。

住友友俊は、「子供の頃から住友家のために尽くし、長く奉公してきた者には、それなりの地位を与え、大切な仕事を任せる」と述べています。

しかし、それにつけ加えて、「ただし、地位を得たことに安心し、やる気をなくしているような者は、大切な仕事からは、はずれてもらうから、そのつもりで油断することなく働いてほしい」と述べているのです。

ベテランは、いい意味でも、悪い意味でも、下の者たちに影響を与えます。

その影響力は、とても大きいのです。

たとえば、二十年も三十年も働いている奉公人が、ダラダラとした仕事ぶりだったら、若手の奉公人たちもやる気を失ってしまうでしょう。そうなれば、商売がどんどん衰退していってしまいます。

逆に、勤続年数の長いベテランが、若手に負けないくらいの熱意とキビキビした態度で仕事に向かっていれば、若手もそれを見習ってがんばると思います。その結果、商売はますます繁盛するでしょう。

ですから、友俊はベテランの奉公人の奮起《ふんき》をうながす意味で、「やる気がない者は、ベテランであっても、大切な仕事からはずす」と、あえて厳しいことを述べたと思います。

「自分はまだ若いから、関係ない」と思ってはいけません。誰でも、やがてはベテランと呼ばれるようになるのです。冒頭の言葉は、自分へのいましめとしても大切だと思います。

六訓　◎　専門外を知ってこそ専門の力が伸びる

現場の仕事を知らない手代《てだい》が増えている。手代には全員、現場を経験させること。

大阪商人　住友友俊《すみともともとし》

「手代」とは、いわば渉外《しょうがい》担当者です。お客さまや取引先を回って、営業の実務を担う人たちのことです。

住友家は銅の生産販売によって発展しました。

その販売面を担当するのが手代です。

住友友俊は冒頭の言葉で、「最近の販売担当者は、銅の生産現場の仕事をまったく知らない者が増えている」と嘆いているのです。

現代の商売にたとえて言えば、工務店の営業担当者が建築現場での仕事を知らないまま、お客さまに家の建て方をこまごまと説明しているようなものです。

あるいは、自動車販売店の担当者が自動車工場の現場を見たこともないまま、お客さまと商談をしているようなものです。

住友友俊は、「営業担当者も生産現場の仕事を知らなければダメだ。生産現場の仕事を知ることで商品知識が増えるし、自信を持って商談にのぞめるようになる」と言っているのです。

住友友俊は、社員教育の一環として、営業担当者に現場での仕事を経験させるという方針を打ち出しました。

「その際、銅の生産についてテストを行うから、よく予習しておくように」とも述べています。

商売が大きくなるにしたがって仕事が分業化し、このような「現場を知らない従業員」が増えてくるものです。

現代でも、生産部門と営業部門の交流がないケースがしばしば見られるようです。営業部門に生産現場も経験させることで、商売を活性化することができるかもしれません。

七訓◎差別になると人事はもつれる

「名将のもとには弱い兵などいない」という。人材登用には、不平不満が出ないように注意する。

伊勢商人　三井《みつい》高利《たかとし》

「有能な人材がいれば、どんどん登用していく」という三井越後屋の家風をつくり出したのは、初代三井高利です。

ただし、高利は、「人材登用の際には注意すべきことがある」とも述べています。

それは、登用された人のまわりにいる奉公人たちが抱く不平不満です。

たとえば、若手に有能な人材がいたとしましょう。

その人材を登用して重要なポストにつけ、大切な仕事を任せた時、その人より年長で、店での経験も長い先輩の奉公人が下に立たされる場合も出てきます。

出世競争の階段を、自分よりも若く経験も少ない人が頭ごしに飛び越えていったら、先輩の奉公人の気持ちは、よくはないでしょう。

「若いくせに、いい気になりやがって」と不平不満の感情も生まれてきます。

登用された人と同年代の奉公人たちの場合も同じことが言えます。

「あんな人より自分のほうが、よっぽど仕事ができるのに、どうしてあの人だけがエコヒイキされるんだ」と不平不満を持つ者が現れてくるかもしれません。

そして、そんな不平不満が原因になって店で揉め事が生じ、商売に影響が出てくる可能性もあるのです。

ですから、高利は有能な人材登用の前提として、まずは「奉公人を『あの者は有能だ。あの者は何をやらせてもダメだ』と分けへだてて考えない。すべての奉公人を『頼りがいのある有能な人材だ』と考えることから始めるのがいい。冷静な視点で公平に人を選ぶことが大切だ」と言うのです。

そういう心構えを持ってこそ公平な人材登用ができる、ということだと思います。公平な登用をすれば、まわりの奉公人が不平不満を抱くこともないでしょう。

八訓 ◎ 競い合うよりまず助け合え

一本の木は折れやすいが、林の木は折れにくい。協力し合って商売を盛り立てよ。

伊勢商人 三井高利《みついたかとし》

三井高利が江戸本町に越後屋呉服店を創業した時、年齢は、すでに五十歳をすぎていました。

その後間もなく、店の運営を長男三井高平に任せて、自分自身は、故郷である伊勢松阪に戻ります。

また、他の息子たちにも商人としての修業を積ませ、江戸、京都、大阪に出店した各店の運営を任せます。

三井高利に限らず、江戸時代の商人は、そのように子供や兄弟に新しく出店する店の運営を任せながら、商売の規模を大きくしていくのが通例でした。

そこで大切になるのが、各地の店へ散らばった子供や兄弟たちがいかに協力連携《れんけい》していくかということです。

バラバラに商売をしていたのでは、大きな規模の商売はできません。自分勝手なことをし、店を潰してしまう人間も現れてくるでしょう。

そのことを三井高利は、「一本の木は折れやすい」と表現したのです。

各店の子供や兄弟たちがお互いに協力し合えば、ますます家業を盛り立てていくことができます。また、ある店が苦境に立たされたとしても、お互いに助け合えば、潰れてしまうことはないでしょう。

そのことを三井高利は、「何本も木が寄り添っている林の木は折れにくい」と表現したのです。

現代のビジネスでも、チェーン店化して商売の規模を大きくしているケースがよくあります。各店が協力し合うことが大切だという三井高利の言葉は、今でも参考にできるのではないでしょうか。

九訓◎「自分だけが」という感情は排除する

みんな同じ店で働く仲間である。それを忘れずに、力を合わせていく。

近江商人　**西川甚五郎**《にしかわじんごろう》

この言葉を述べた西川甚五郎は、現在も寝具メーカーとして知られる西川産業の創業者となった人物です。

西川甚五郎は、蚊帳《かや》の行商から商売を始めました。

蚊帳とは、眠る時に蚊《か》などの虫から体を守るための道具です。

西川甚五郎は行商に精を出し、少しずつ商売を大きくしていきました。そして大きな店を持つまでに出世します。

大きな店を持てば、当然のことながら、たくさんの奉公人を雇うようになります。その奉公人に向けて述べられたのが冒頭の言葉です。

一人で行商をしている時は、自分一人ががんばればうまくいきます。しかし、大きな店を運営するのはそう簡単にはいきません。自分一人ががんばっても、まわりの人たちが団結して協力しなければうまくいきません。そこで西川甚五郎は、店の商売にたずさわるすべての人間が一致団結して商売を盛り立てていくことの大切さを述べたのです。

西川甚五郎は、また、「仕事には厳しく当たる。仕事仲間とは仲よくつき合っていく」とも言っています。

仕事の場では、少しでもお客さまに喜んでもらえる商品を提供するために、社員同士がお互いに厳しく接することも必要だと思います。

遠慮のないアドバイスをし合ったり、時には叱《しか》ったりすることもあるでしょう。

しかし、誰かを感情的に恨んだり憎んだりしてはいけないと思います。時には厳しく接しながらも、あくまでも仲よくまとまっていくのがいいのでしょう。

十訓◎商人は顔立ちより気立て

商人の妻は、顔がいいよりも、気立てがいいこと。

播州《ばんしゅう》商人　二代目伊藤長次郎《いとうちょうじろう》

今も昔も、商人の妻は、貴重な戦力です。

現代では女性起業家が増えましたから、夫が妻を支える大きな戦力という場合もあるでしょう。

しかし、江戸時代にはそんなケースは少なく、商人の妻は接客を担当する場合が多かったようです。妻がお店でお客さまをもてなし、夫は外回りをしたり、商品の仕入れや製造を担当する、といったパターンです。

お客さまの対応をするからには、感じがいいことが第一です。たとえ美人でも暗かったり、頭がよくてもツンとしていたり、オシャレ上手でも気がきかなかったりでは、商人の妻には向きません。

播州（播磨《はりま》。現在の兵庫県）商人である二代目伊藤長次郎が、冒頭の言葉で「商人の妻は気立てがいい女がいい」と述べている通りです。

「気立てがいい」とは、具体的には次のようなことを意味すると思います。

・やさしい性格で、周囲への気配りができる
・いつも元気で、人の気持ちも明るくする
・年寄りから若い人まで、分けへだてなく接することができる
・ネガティブな感情を抑えることができ、雰囲気を和ませる

二代目伊藤長次郎は、「妻にする女性を選ぶ時は、容姿よりも性格や実際の立ち居振る舞いを見るほうが賢い」と言っているのです。容姿が美しいという面だけを見ると、商売にも悪影響をもたらしかねないということでもあるでしょう。

夫婦は二人三脚《ににんさんきゃく》だと思います。気立てのいい女性を選ぶことによって商売が繁盛するのです。

第七章

豪商はみな「いいワンマン」である

——組織を固める

朝は身分が上の者が先に起き、下の者を起こして、揃《そろ》って仕事に取りかかること。

大阪商人　絵具屋惣兵衛《えのぐやそうべえ》

江戸時代の商人が残した言葉には、必ずと言っていいほど「朝早く起きて、世間よりも早く仕事に取りかかること」という一文が出てきます。

「早起きは三文《さんもん》の得《とく》」という言葉があります。

「早起きをすると、いいことがたくさんある」という意味です。

「三文の得」と言う表現からわかるように、商人の世界でよく使われていた言葉です。

「文」とは江戸時代の貨幣単位で、「三文」とは今の百円程度になると思います。「早起きして世間よりも早く働き出せば、百円よけいに利益を得られる」ということです。

「たった百円」と思ってはいけないのです。わずかな利益のためにも努力を惜しまないのが商人です。また、「塵《ちり》も積もれば山となる」ということわざの通り、たった百円でも、積み重ねれば大きな金額になるのです。

絵具屋惣兵衛は、薬の販売で繁盛店を築きあげた大阪商人です。その彼も、早起きを大切な繁盛訓にしていました。

ただし絵具屋惣兵衛は、それに加えて冒頭の言葉を残しています。

「もっとも早く起床しなければならないのは、主人や番頭など店の責任者たちである」と言うのです。

奉公人に「早起きしなさい」と命じながら、主人や番頭が朝寝坊しているようでは、奉公人たちは疑問を感じてしまうでしょう。

今の時代で言えば「一番早く出社するのはリーダーでなければならない。リーダーは、みずから率先垂範《そっせんすいはん》して手本を示さなければならない」ということでしょう。

「自分は命じる役目だ。おまえは命令に従う役目だ」というように考えては、人を動かすことはできないと思います。

二訓 ◎ 上下関係を忘れる場所で組織は強くなる

身分が高い者も低い者も同じものを食べなさい。主人と奉公人の食事が違うのはぜいたくだ。

播州商人 二代目伊藤長次郎《いとうちょうじろう》

主人と奉公人が違うものを食べるとなると、主人用の鍋《なべ》と奉公人用の鍋を分けて調理しなければなりません。

そうなると燃料費もよけいにかかりますし、食材費も高くつくでしょう。調理の担当人も一人では済まず、人件費も増えます。

ですから、二代目伊藤長次郎は、「それはぜいたくである」と、冒頭の言葉で述べているのです。

しかし、その言葉には、もう少し深い意味も隠れているように思います。

主人は主人だからという理由で豪華なものを食べ、奉公人は奉公人だからという理由で質素なものしか食べられないというのでは、いくら身分が違うといっても、奉公人はつらい気持ちになるのではないでしょうか。

それがやる気を失わせ、店の一体感にひびを生じさせることにもなりかねません。

そういう理由もあって、二代目伊藤長次郎は、自分からすすんで奉公人と同じ質素な食事を心がけていたと思います。

「奉公人と同じものを食べる」ということは、「私は主人だが、おまえたちと一心同体の仲間だ」という気持ちを無言のうちにアピールする効果があると思います。

そういう気持ちが伝われば、奉公人も「主人はいい人だ。この人のためにがんばろう」と、やる気をふるい立たせるでしょう。

現代のお店や会社でも同じことが言えます。雇用主と従業員との間の生活レベルに極端な差があるようだと、従業員から不平が出るかもしれません。

「地位が違う。仕事の中身が違う」ということよりも「同じ会社の同じ仲間だ」ということを重視したほうがいいでしょう。

主人は店で起こっていることはすべて、奉公人の上下、仕事の大小にかかわらず、知っておかなければならない。

伊勢商人 三井高利《みついたかとし》

商売では、主人のリーダーシップが、繁盛するかしないかの非常に重要なポイントになると思います。

江戸時代の商店の主人とは、今の時代で言えば中小企業のオーナー経営者です。オーナー経営者のリーダーシップがすぐれていれば、その会社はアッという間に成長していくでしょう。

現代の大企業も、戦後間もない頃に、わずかな社員から出発したところが少なくありません。自動車メーカーのホンダにしても、電器産業のソニーにしてもそうです。

そのような小さな会社が世界的な大企業に成長できたのは、創業時のオーナー経営者にすぐれたリーダーシップがあったからではないでしょうか。

では、リーダーシップを発揮するに当たっては何が大切なのでしょうか。

参考にしてもらいたいのが、冒頭の三井高利の言葉です。

仕事についても、従業員についても、店で起こっていることをすべて知っておかなければ、主人は指示を出しようがありません。どのような方向に商売を進めていくかもわからなくなります。

主人が、「そのことについては私はよく知らないから、あなたに任せます」などと言っているようでは、リーダーシップを発揮することはできません。従業員は主人の力量に疑問を感じてしまうでしょう。

ポイントは、主人は大きな仕事や幹部クラスの人についてばかりでなく、小さな仕事や一般従業員についてもよく知っておくことだと思います
主人は、仕事のことからお店のこと、そしてすべての従業員のことについて、隅《すみ》から隅までよく知っておくことが大切なのです。

四訓　◎　儲けそのものより「分配」に気をつけよ

各店の全収入を総本家に集め、積立金を差し引いたあとに、改めて各店へ分配する。

伊勢商人　三井高利《みついたかとし》

繁盛しているお店が、突然、潰れてしまうケースがあります。

原因はさまざまですが、案外、「身内の仲間割れ」であることが少なくないようです。

冒頭の言葉は、そんな仲間割れを防ぐために、三井高利が考えた知恵だったと思います。

三井高利が創業した越後屋呉服店は繁盛し、江戸、京都、大阪などの大都市に十店以上の支店を展開するまでになりました。

その各店には、三井家の身内の者を主人として据《す》えていました。

十店以上も支店を出せば、売り上げのいいところと悪いところが、どうしても出てきます。店の主人の才覚の差や、立地条件など、さまざまな要因がからんでくるからです。

そのような中で、売り上げのいい店の主人だけがたくさんの収入を得て、売り上げの低い店の主人は貧乏な生活を強いられる、というようなことをしていたら、どうなるでしょうか。

身内同士でヒガミ合い、嫉妬の感情も生まれてくるでしょう。

それが原因で仲間割れが生じ、全店の経営が揺らぎ始める事態にもなりかねません。

奉公人のやる気もなくなり、揺らぎは深刻になる一方、ということになれば大変です。

そこで三井高利は、各店の売上金をいったん本店に集めておく、という方法を取ったのです。

そこから何かの場合に備えた積立金を差し引いたあと、各店の主人たちに不平不満が出ないように分配するのです。

この三井高利の方法が、現代の商売にも応用できるかどうかはわかりません。

ただし、同じ店の仲間同士が不平不満から内輪揉めを起こすようなことにならないように、報酬の分配の仕方に工夫をしておく必要は大事だと思います。

五訓　◎　後継者は「よじ登らせる」形で育てる

みずから経験していなければ、その仕事について人を指揮することはできない。

江戸商人　三井高平《みついたかひら》

江戸時代の商人にとって、後継者をいかに育てるかは非常に重要な問題でした。後継者に能力がなければ、繁盛している商売も自分の代で終わってしまう危険が生じてきます。

この悩みは現代にも通じているでしょう。

繁盛している商売を自分の代で終わらせてしまうのは、もったいないことです。その商売がお客さまに喜ばれているのなら、お客さまのためにも、次の世代へと継続させることを願うでしょう。

越後屋呉服店の二代目、三井高平は、次のように述べています。

「店の後継者となる子供たちには、下っ端《ぱ》の使用人がやる雑務からしっかり覚えさせること。その後、段階を追って、店での仕事をすべて経験させること。自分で経験したことでなければ、人を指導、指揮できない」と言うのです。

後継者は、ゆくゆくは店の頂点に立って、みんなを指導、指揮する役割を果たすことになります。

その時、下の者の仕事を経験していなければ、正確でわかりやすい指導、指揮をすることができないでしょう。

また、下にいる者にしても、自分の仕事について経験のない相手から「こうしろ。ああしろ」と言われても、真剣な気持ちで聞き入れることができないのではないでしょうか。

店の掃除といった雑務から店の仕事を覚えるのは、後継者にとって楽なことではないかもしれません。しかし、あえて「経営のノウハウだけ知っていればいい」と言わず、雑務から経験させることで、精神が鍛えられる効果もあったのです。

三井高平の言葉は、現代の後継者育成にも参考にできると思います。

六訓　◎　未来さえ見えれば人は喜んで苦労する

奉公人に「がんばれば店が繁盛する。そうなれば自分の暮らしが豊かになる」という意識を徹底させる。

大阪商人　住友友俊《すみともともとし》

「店は繁盛しているのに、従業員の暮らしはちっとも豊かにならない。むしろ貧しくなっていく」というような商売をやっているところは、いずれ潰れてしまうでしょう。

そんなやり方をしている経営者は、おそらく、「自分だけ儲かればいい。従業員は、いくらこき使ってもいい」という考え方を持っているのだと思います。

それでは従業員は、仕事への意欲を失って、去っていくに違いありません。

店の繁盛が従業員の豊かさに直結してこそ、従業員は「もっとがんばって店を繁盛させよう」とやる気になり、「そうすれば、自分の暮らしも、もっと豊かになる」と希望をかき立てられるのです。

住友友俊が冒頭の言葉で述べているのは、「店の管理職に当たる人間は、『店を繁盛させれば、自分の暮らしがよくなる』という意識を、常日頃から部下たちに徹底して教えこんでおくことが大切だ」ということです。

実際に友俊は、がんばって店の売り上げを伸ばした奉公人には、その労に報いて特別待遇を与えていました。

奉公人は、「店の繁盛が、自分の利益に結びつく」ということを実感して、いっそうがんばるようになったでしょう。

このような「自分ががんばる→店が繁盛する→努力が報われ、自分も豊かになる→さらにがんばる→さらに店が繁盛する」という好循環が生まれれば、商売はどんどん大きくなっていきますし、将来にわたって繁栄し続けると、友俊は考えたのだと思います。

「努力が報われず、店が繁盛しても自分は豊かにならない→やる気をなくす→店の売り上げが下がる」という悪循環をつくってはならないでしょう。

悪循環は、いったんはまったら抜け出すのがむずかしいのです。

七訓◎裏方に報いよ

職人や使用人にも、まじめに働けば十分な報酬を与える。老後の面倒も見る。

大阪商人　住友友俊《すみとももとし》

現代でも、はなやかな業界と地味な業界、苦労がむくわれやすい仕事と苦労がむくわれにくい仕事があると思います。

住友家の奉公人にも、表舞台で働く「花形」がいる一方、目立たないところで苦労する「裏方」がいました。

花形とは、店の手代たちです。もっとも表立った場所で、お客さまとの商談を担当する役割だからです。

一方、裏方とは、一つには、銅を生産する工場で働いている現場の職人です。あるいは、店で炊事や掃除などの下働きをしているお手伝いさんたちです。

裏方の仕事は、いわば、「きつい」「汚い」「危険」という3Kです。

しかし、裏方の仕事をする人間がいなければ、商売は成り立ちません。

とくに、銅の生産販売が商売の柱になっていた住友家では、工場で汗水垂らして働く職人は、なくてはならない存在でした。

もし、銅を生産する職人たちが、仕事の苦しさに嫌気がさして怠けたり、辞めていったとしたら、住友家の存続自体が危うくなります。

住友友俊は、そのことを十分に承知していました。

ですから、花形の手代以上に、裏方の人たちに手厚い待遇を与えていたのです。

「退職したあとの老後の面倒まで見てやる」とまで述べています。

一般的に、人の目は表舞台へ引きつけられがちです。

裏方でがんばっている人のことは、ついつい忘れてしまいがちです。

しかし、上に立つ人が、裏方の苦労を尊重しないようではいけないと思います。

そんな店や会社は、長く続かないのではないでしょうか。

八訓　◎　慰労はこまめに

月に一度、小づかいを与えて外出を許す。年に二度、芝居見物に連れていく。

大阪商人　絵具屋惣兵衛《えのぐやそうべえ》

絵具屋惣兵衛は、商売には厳しいやり手でしたが、奉公人へのやさしい心づかいも忘れない人でした。

そのことが表れているのが、冒頭の言葉です。

江戸時代の商家では、奉公人は基本的に住みこみで働き、藪入り《やぶいり》（盆《ぼん》と正月の休み）のほかは休日もありませんでした。

しかし、奉公人も生身《なまみ》の人間です。そのような状態で「一生懸命に働け」と尻《しり》をたたかれてばかりでは、やる気をなくしても無理はありません。

絵具屋惣兵衛は、日頃の苦労をねぎらう意味をこめて、一か月に一度の休日と、一年に二度の芝居見物を許していたのです。

これは、とてもいい励みになっていただろうと思います。

今で言えば、リフレッシュとか、モチベーションアップとかいうことに当たります。

人間は、何かしら楽しみがなければ働いていけません。楽しみがあるからこそ、それを励みにつらい仕事を嫌わずにがんばっていけるのです。

奉公人の心を理解する商家では、方法はそれぞれですが、やはり何かしら苦労をねぎらう制度があったようです。

「月に一度、ごちそうをふるまう」とか「春に花見に連れていく」というようなことです。

現代は週休二日が定着していますから、リフレッシュの方法は各個人の自由、というところが多いと思います。

しかし、お店や会社の制度として慰労会を行うのも、いいかもしれません。

押しつけがましくならないように行えば、従業員の忠誠心が高まり、職場の一体感も、より強くなるのではないでしょうか。

九訓　◎　大切なのは「向き合う」より「同じ方向を見る」こと

人間はみんな兄弟だ。仲間が危険にあい、病や飢《う》えに苦しんでいる時は助け合うこと。

京商人　**角倉素庵**《すみのくらそあん》

この言葉は、貿易商人だった角倉素庵が、『舟中規約《せんちゅうきやく》』という書状の中で述べているものです。

角倉素庵は、みずから船に乗りこんで、海外に渡る人物でした。彼は主人ですが、船の中では主人と奉公人の区別はありません。嵐で船が沈む時は、当人も奉公人もみんな一緒に死んでしまいます。すべての乗組員が、いわば生死を共にした仲間なのです。

そのような環境にあって、一つの船に乗り合わせた者たちには強い一体感が生まれていました。

それを表しているのが、冒頭の言葉です。

「人間はみんな兄弟」という考え方は、現代では当たり前に思えるかもしれません。しかし、身分制度が強く、上下関係が厳しかった封建時代の当時としては非常に特別なものだったと思われます。

見方を変えれば、主人と奉公人がこのような強い一体感で結ばれていたからこそ、角倉素庵の商売は大きな発展を遂げたのでしょう。

現代の商売の世界でも、この「人間はみな兄弟」という考え方が、もう一度見直されてもいいのではないでしょうか。

経営者と従業員が一心同体となってがんばっている商売は、現代でも大きく発展を遂げると思います。

経営者と従業員、上司と部下、ベテランと若手などの間で、「誰かが困った状況にある時には、お互いに助け合う」という精神を共有し合うことが大切です。

身分や立場を越えた関係は、今も昔も時代を問わず重要なのです。

十訓◎防衛意識はチームワークを高める

怪しいお客さまが来た時は、店の者がひそかに知らせ合い、お互いに注意する。

江戸商人　十一代目伊藤次郎左衛門《いとうじろうざえもん》

最近、コンビニエンスストアなどの商店が泥棒や強盗に襲われて現金や商品を奪われる、という事件がよく起こります。

「明日はわが身」と危機感を持つ商人も多いのではないでしょうか。

防犯対策の参考になるのが、冒頭の十一代目伊藤次郎左衛門の言葉です。

江戸時代にも盗難事件はよくありましたから、対処策を日頃から考えていたようです。

十一代目伊藤次郎左衛門の頃の松坂屋では、「怪しい者が今、店にいる」と知らせ合う秘密の合言葉をつくっていたと言います。

ほかのお客さまがいる前で、「怪しい人が来たぞ！」などと声に出して言えるわけはありません。

ですから、合言葉を使ったのです。

具体的にどのような言葉かはわかりませんが、たとえば、「天気が変わりました」とか、「○○さんの商品はできあがりましたか」とか、なにげない会話の一つを合言葉にしていたと思われます。

そして、その合言葉を使って店の者全員に注意を呼び起こし、何かあった時には連携して対処できるようにしていたのです。

ここから参考にできることが二つあると思います。

・事前に、事件が起きそうな時の対処策を徹底しておく

・全員のチームワークで、泥棒に立ち向かう

泥棒や強盗に突然襲われたら、パニック状態になってしまっても仕方ありません。

しかし、事前に対策を決め、チームワークで立ち向かう方法を考えておけば、冷静に対処できるでしょう。

第八章

世間のものさしは案外正しい

――知恵を集める

一訓 ◎ 迷ったら世間を見よ

世間一般の人たちが考えていることが、天の道理である。個人ではなく、みんなで話し合って判断すること。

大阪商人 住友友昌《すみとももとまさ》

「商品にどのくらいの値段をつけて売ればいいのか」は、商人の頭を悩ます問題です。

安くしすぎれば、儲けが減ります。赤字が出てしまう場合もあります。

一方で、値段を高くしすぎれば、利幅は大きくなりますが、売れ残る可能性も大きくなります。

住友友昌の冒頭の言葉は、この「価格設定」についてのアドバイスです。

住友長崎店では、銅の輸出ばかりではなく、外国の雑貨の輸入販売や、また日本の雑貨の輸出も行っていました。

銅の値段については、幕府の指示などがありますから、迷うことはありませんでした。しかし、雑貨品の価格は、自分たちで決める必要があります。

「日本の雑貨をいくらで外国に売るか」「海外の雑貨をどのくらいの値段で仕入れるか」「輸入雑貨を日本国内で、いくらで売るか」といった問題です。

それぞれの価格設定が関係し合っている上、生産者の要求や、お客さまのニーズもからみます。

住友友昌は、「個人が独断で値段を決めてしまうと、誤った価格設定をしてしまいがちだ」と述べています。

個人で決めると、どうしても「儲けたい」という欲が出たり、「売れ残りは防ぎたい」という心配が先に立ったりして、極端な価格設定をしてしまいがちなのです。

ですから、「皆でよく相談して、『世間一般の人の考えに立てば、いくらが手頃な値段になるのか』ということを見きわめるのがいい」と言っているのです。

現代の商人やビジネスマンも、価格を決める時は複数の人間で相談するほうがいいのかもしれません。

二訓 ◎ 自分を修正する言葉を持とう

勤倹《きんけん》
誠実
謙譲《けんじょう》

京商人　**住友政友《すみともまさとも》**

この三つの言葉は、住友政友が「商売繁盛の秘訣」として、いつも忘れずに心がけていたことでした。

「勤倹」とは、「まじめに一生懸命に働き、ムダなお金を使わず倹約につとめる」という意味です。

「誠実」とは、「自分が儲けることばかり考えるのではなく、お客さまに喜んでもらうために、品質のいい商品をできるだけ安価に提供する」ということです。

「謙譲」とは、「自分をお客さまや世間よりも低い立場に置いて、感謝の気持ちで商売していくこと」ということです。

住友政友は江戸時代初期の人物ですが、この商売の繁盛訓は今の時代にも立派に通用するものだと思います。

小さな店の商売から大企業のビジネスまで、どのような業種でも通用する「商売のコツ」とも言えるでしょう。

それは、「勤倹・誠実・謙譲」という三つの言葉に普遍的《ふへんてき》な意味がこめられているからです。

しかし、この三つ商売の繁盛訓を忘れてしまう人もいます。

まじめに働かなくなり、お金のムダづかいを始め、お客さまのことを二の次に置き、偉そうな態度を取る商人です。

じつは、そんなタイプの人は「儲かっている商人」に多いような気もします。

少々儲かったことにいい気になって、大切な三つ商売の繁盛訓を忘れてしまうのです。

その結果、うまくいっていた商売をダメにすることになりがちです。

冒頭の三つの商売訓は、儲かっている時にこそ心がけたいものなのです。

三訓　◎　汚れ仕事を嫌うな

「汚く働いて、きれいに食え」という言葉を忘れてはいけない。

播州商人　**二代目伊藤《いとう》長次郎《ちょうじろう》**

現在はあまり使われなくなっていますが、江戸時代には「汚く働いて、きれいに食え」という言葉がありました。

「汚く働く」とは、「体が汚れるようなきつい仕事でも、嫌がらずに働こう」ということです。

二代目伊藤長次郎は、「その仕事で家族や奉公人を養っていけるのなら、牛や馬のフンをこねるような仕事でも、嫌がってはいけない」と述べています。

この言葉の裏には、「商人の仕事は、けっしてすべてがきれいでラクなものではない。

汚く、つらい仕事も多い。だから『汚い仕事は嫌だ』という人間は、立派な商人にはなれない」という考え方があると思います。

また、「きれいに食べる」とは、食事の作法のことではありません。

「たとえ一粒の豆《まめ》でも、盗んできたものは食べない。悪いことをして得た金で買ったものは食べない」ということを表しています。

「商人は『悪いことをしてでも食べていこう』と考えてはいけない。まっとうな商売をして食べていくことだけを考えていくべきだ。まっとうな商売をしなければ、繁盛は続かない」と、二代目伊藤長次郎は言いたかったのです。

しかし、現代では、残念ながら、「きれいに働きたい。汚い仕事なんて嫌だ」という人が増えてきているように思えます。

また、「食べていくためには、多少悪いことをしてもしょうがない」と考える人も少なくないように思います。

現代では死語に近くなってしまいましたが、「汚く働いて、きれいに食え」という言葉を、もう一度、胸に刻んでもいいのではないでしょうか。

四訓 ◎ 願望を根拠にするな

家を潰す商人は、口ではいいことを言うが、実際には見通しの甘い者が多い。

伊勢商人　諸戸清六《もろとせいろく》

中国の古典である『孫子《そんし》』の兵法に、「戦いに強い将軍は、どうすれば勝てるかを事前に慎重に考え、綿密な作戦を練り、十分に準備を整えてから実際の戦いにいどむ」という言葉があります。

また、「事前に検討した上で、勝つ見こみがある時には勝つ。勝つ見こみがないにもかかわらず戦っても、勝てるわけがない」という言葉もあります。

商売も同じはないでしょうか。

賢い商人は、新しい商売を始める時には、採算が合うかどうかを現実的に、また十分に検討します。

そして採算が取れない商売には手を出しません。

諸戸清六が冒頭の言葉で述べているのは、以上のような「賢い商人」についてではなく、むしろ「ダメ商人」についてです。

ダメ商人は、「この商売は儲かるに違いない。これで大繁盛だ。各地に支店を出すこともできる」と、いいことばかり盛んに並べ立てます。

しかし、それはただの希望的観測にすぎません。現実を見ず、検討も不十分です。

そのため大失敗してしまうのです。

一見うまくいくように思える商売も、よく検討してみると問題がいろいろあるものです。「すでに他業者が参入していて、割りこむ余地が少ない」とか、「わずかな資金で始められると考えていたが、実際にはかなりの資金が必要になる」「もうすぐ法律による規制がかかりそうだ」といったことです。

ダメ商人は、そのような事情を考えることなく、思いつきで始めてしまうのです。そのことを諸戸清六は、「見通しが甘い」という言葉で表していると思います。

五訓　◎　信じるためにはまず疑え

相手が駆け引きで言っていることを見抜けない者は商人になってはならない。

伊勢商人　諸戸《もろと》清六《せいろく》

商売には駆け引きがあります。

たとえば、相手は実際には儲けが出るのに、「いやあ、こんなサービスしちゃったら、ウチは大赤字ですよ。お願いしますよ。もう少し、いい値段をつけてもらえませんか」と言ったりして、儲けを大きくしようとします。

あるいは、本当はたくさん在庫があるにもかかわらず、「この商品は人気がありまして、在庫があまりないんですが、特別にお分けしましょう」などと恩に着せたりします。そして、駆け引き上手なら、後日、「この前はあなたを特別扱いにしてあげたのだから、今度は私のために骨を折ってほしい」といった頼み事をしてきたりします。

有能な商人は、商売にはこのような駆け引きがあることを十分承知の上で、「先方は、どのようなねらいで言っているのか」を機敏に察して対処します。

このような「駆け引き」を見抜けない人、対処できない人が商売の世界に首を突っこむと、たいへんなことになりかねません。

相手にいいように扱われて赤字を出し、結局は財産を失ってしまうことにもなりかねないのです。

商売の世界には、善人ぶった顔をしながら、「だまして大儲けしてやろう」という悪だくみをする人間もいないわけではありません。

駆け引きを見抜くことができない人は、そのような悪質な相手に引っかかってしまう危険も大きいのです。

相手の言うことを何の疑いもなく簡単に信じこんでしまうような人は、商売には向かないのかもしれません。

そういうことを諸戸清六は、冒頭の言葉で述べていると思います。

六訓◎持ちかけられる儲け話には慎重に

「消極的になるな。もっと積極的に」と言ってくる人の言葉に、軽々しく乗ってはいけない。

博多商人　島井宗室《しまいそうしつ》

この言葉で島井宗室が述べているのは、「人が持ってくる儲け話に軽々しく乗るな」ということです。

商売をやっていると、いろいろな儲け話が舞いこんできます。

「今、この分野が急成長している。思い切って投資したらどうか」

「いい場所に土地が空《あ》いた。買い取って出店してみないか」

「大きな利益を出す商品がある。今のうちに買い占めておけばいい」

といった話です。

用心して「少し考えさせてほしい」と返事をしても、「そんな消極的な考えではせっかくのチャンスを失うことになる。もっと積極的に打って出なければダメだ」という殺し文句が返ってきて、つい話に乗りそうになります。

しかし、おいしい話には裏があるものです。

「投資したとたんに急成長にブレーキがかかった」

「いい場所だと思ったが、いざお店を出してみると意外な欠点が次々見つかった」

「話は詐欺《さぎ》だった。買い占めるために支払ったお金を持ち逃げされた」

といったことです。

事情は今も昔も変わらないでしょう。

お金をためるのはたいへんですが、失うのはアッという間です。「しまった」と後悔した時には、もう遅いことが少なくありません。

もちろん、積極的に商売をしていくことも必要でしょう。

しかし、それと同時に、儲け話に右往左往しない慎重さも忘れてはならないのです。とくに、「他人が持ってくる甘い話」には慎重になるほうがいいと思います。

七訓 ◎ 先延ばしとストレスが「負のスパイラル」の大原因

緊急の用件は先延ばしせず、ただちに処理する。「あとで」「明日に」と考えてはいけない。

博多商人 島井宗室《しまいそうしつ》

とにかく忙しいのが、商人です。

繁盛すればするほど、商人は忙しくなります。

お客さまへの対応、さまざまなトラブルの処理、商品の仕入れ、従業員への指示、お金の計算、帳簿のチェックなど、朝から晩まで立ち働いているのが、繁盛している証拠でもあるのです。

そのような生活をやりこなしていくには、スピーディな事務処理能力が必要になります。

ボヤボヤしていたら、やるべき仕事がどんどん山積みになっていくでしょう。

博多商人、島井宗室の冒頭の言葉が、いいアドバイスになると思います。

精神医学で「先延ばし症候群」という言葉があります。

すぐにやらなければならないのに対処できず、「あとで」「明日に」と先延ばしする傾向が日常的になっている状態をさします。

忙しい人ほど、この先延ばし症候群におちいりやすいと言います。

矛盾しているように聞こえるかもしれません。

忙しい人ほど、何事もすぐ処理しなければならないのに、反対に先延ばししてしまうのです。

その背景にはストレスがある場合が多いようです。

多忙な生活の中でストレスがたまり、そのストレスがスピーディな判断力と行動力を鈍らせてしまうのです。「すぐやらなければ」と頭でわかっていても、ストレスがブレーキをかけてしまうのです。

繁盛すればするほど、多忙になればなるほど、ストレスがたまりすぎないように注意することが大切だと思います。

八訓　◎　商売は長い長いマラソン

心がけが悪いと商売で失敗し、先祖の財産を失う。女房子供に迷惑をかけ、人に笑われる。こんなつまらないことはない。

播州商人　**二代目伊藤《いとう》長《ちょう》次《じ》郎《ろう》**

商売を始める時には、「いったん始めた限り、途中で潰すことは絶対に許されない」という強い覚悟が必要になると思います。

もし失敗してしまったら、自分一人が苦しむだけではありません。お客さまにも迷惑をかけますし、家族にも苦労を負わせます。従業員や取引先を巻きこむことになるでしょうし、資金を融資してもらった相手にも被害を与えます。社会に悪い影響をもたらす場合もあり得るのです。

ですから、何がなんでも繁盛させ、儲けを出していかなければなりません。それが商売というものなのです。

そういう覚悟がないまま、「やってみるか。ダメだったら、その時はその時。命を取られるわけじゃない」といった程度の安易な気持ちで始めるべきではないと思います。

二代目伊藤長次郎が冒頭の言葉で述べているのも、そういう意味でしょう。

彼は、江戸時代後期の播州で、米や生糸の取引によって大きな財を蓄えた豪商です。

商売は、長く続けてこそ儲けや規模も大きくなり、やりがいが生まれ、社会的な意義もあるものです。

二、三年でやめてしまうようでは、意味がありません。

商売を長続きさせていくために必要なのは、基本に忠実であり続けることです。日々、一生懸命にお客さまのためにがんばり、ムダづかいをせず、質素倹約に励んでいくことが大事になります。

商売は短距離レースではありません。マラソンレースだと思います。当り前のことを当り前にやり続ける根気が必要です。

息の長い努力が勝負のかなめになります。

第九章

「いい知恵」は昔も今も変わらない

——商品開発を学ぶ

一訓◎「商い」とは「まだない」工夫をすること

商いの道は、どのようなことでも今までにない工夫が大切だ。

伊勢商人　三井高利《みついたかとし》

いつまでも昔ながらの商売のやり方をしていたら、やがて衰退していくことになるのではないでしょうか。その時代のお客さまのニーズに合わせて、新しいやり方を創意工夫していく必要があると思います。

江戸時代、斬新な創意工夫で大成功したのが、冒頭の言葉を残した伊勢商人、三井高利でした。

三井高利は江戸に開いた呉服店越後屋で、「現金掛値《かけね》なし」というキャッチフレーズにより、これまでになかった商売のやり方を始めます。

これが当時の江戸庶民に大いに歓迎され、店は大繁盛しました。

「現金掛値なし」とは、「割増代金なしの現金商売」という意味です。

それまでは、呉服を買う場合、お客さまはその場でお金を支払うことはありませんでした。いわゆるツケで買っていきました。

商店は年に一度か二度、お客さまのもとを回ってまとめて集金するのです。ただし、ツケを認める分、いわゆる利息分として割増代金を上乗せしていました。

三井高利は、それを大きく変えたのです。

「うちでは現金支払いしてもらう分、割増代金を頂戴《ちょうだい》しません。それだけ安い価格で販売します」という商売を始めたのです。

この方法が、「どうせ買うなら安く買ったほうが得だ」という合理的な考えを持つ江戸庶民に大受けしました。

三井高利のように商売を繁盛させたいと思うなら、たえず創意工夫していくことを忘れてはいけないようです。

商いは的に矢を当てるようなものだ。よく研究しておけば、当たらないということはない。

江戸商人　三井高平《みついたかひら》

この言葉にある「的に矢を当てる」とは、「お客さまのニーズはどこにあるかをよく研究して、それに合う商品やサービスを提供すれば、必ず繁盛につながる」という意味だと思います。

この言葉を残したのは三井高利の後継者、三井高平です。

三井高平は、三井高利が創業した越後屋呉服店の二代目となりました。

越後屋は、高利が越後屋を創業した江戸初期の寛文十三年（一六七三）から三百年にわたって繁盛し続けますが、その基盤をつくったのは三井高利と三井高平の力量だと言われています。

三井高平は、親の三井高利に負けないほどのすぐれた商才を持っていました。そして、さまざまな新しい商売のやり方を打ち出します。

たとえば着物の仕立販売です。

従来、お客さまは呉服店からおよそ一着分の布地の反物《たんもの》を買ってきて、それを仕立て屋に出して着物をつくらせていました。

これでは二重の手間がかかりますし、費用も余分にかかります。

そこで越後屋では、店に仕立ての職人を置いて、買ってもらった反物をすぐに着物にするようにしました。

急ぎのお客さまには一日で着物を仕立てていたとも言います。

お客さまにとっては手間が省《はぶ》けますし、費用も安くすみますから、大助かりでした。

ニーズに合った商売のやり方はたちまち評判となり、越後屋は繁盛し続けたのです。

いつの時代でも、商人には、それまでのやり方をガラリと変える発想力が必要になってくるのです。

マンネリとなった仕事への意識を改めることが、永遠の繁栄につながる。

大阪商人　住友友俊《すみとももとし》

住友家の五代目当主だった住友友昌は、もともと体が弱く、大阪の本店を離れて京都で静養生活を送ることになります。

前述のように、その住友友昌に代わって住友家の事業の経営を任されたのが、弟である住友友俊です。

住友家の家祖、住友政友が京都で薬と書籍を売る店を開き、業祖、蘇我理右衛門が銅の生産を始めてから、約百六十年が経《た》っていました。

住友家はその間に、銅の生産販売を中心に小売業、金融業にも進出し、商売の幅を広げていました。また、大阪本店を基盤にして、長崎、江戸へも支店網を広げ、奉公人の数は数千人の規模になっていたと言います。

住友友俊は、『住友《すみとも》総《そう》手《て》代《だい》勤《つとめ》方《がた》心得《こころえ》』という著作物を残しています。

彼は、その前書きで、「最近、奉公人たちの気持ちがゆるみ、仕事のやり方が乱れてきた。したがって、業務全般について改めて見直し、気持ちを入れ替えて仕事へ向かっていけるように、これを書いた」と次のように述べています。

創業当初は緊張感を持って仕事に邁進するものの、マンネリになるにつれて気持ちがゆるんでくるという事情は、現代の商店や会社にもよく見られる現象です。

従業員の数が多くなってくると、各人の責任感が薄くなって、真剣さがなくなっていくということもあるのでしょう。

このような時には、友俊が言う通り、改めて仕事のやり方を見つめ直す必要があると思います。

気持ちを入れ替えて、リスタートするのです。そのままダラダラとした状態で商売を続けていけば衰退していくばかりです。

四訓　◎　マネは禁じ手

「人に負けまい」と思うのはいい。儲かっている人をうらやんで「同じことをしよう」と考えてはいけない。

博多商人　島井《しまい》宗室《そうしつ》

商人にとって、「負けてたまるか」という闘志を持つことは大切だと思います。

商売仲間ががんばっている様子を見て、「倍がんばろう」と奮起すれば、商売はいっそう繁盛するでしょう。

お客さまの評判になっているお店の話を聞いて、「もっと喜んでもらえるように工夫しよう」と考えることは、商売のさらなる改善につながります。

ただし、博多商人の島井宗室は、そんな時にも気をつけるべきことがあると、次のように述べています。

大儲けしている商売仲間を見て、「『あれだけ儲かるんだったら、私も同じことをやって、もっと大きな儲けを出してやる』という考え方を持ってはいけない」と言うのです。

これは、人がやっている商売をうらやましく思って商売替えなどをしても、結局はうまくいかない、ということだと思います。

たとえば、そば屋を営んでいる人が、「ラーメン屋をやっている友人がブームに乗って大儲けしている」という話を聞いたとします。

その人が、「そんなに儲かるなら私もラーメン屋に転業しよう」と考えたら、どうでしょう。

そのような単純な考えで商売を替えても、うまくいかないのではないでしょうか。

その人には、そば屋という商売の中で蓄えた経験や知識がたくさんあるはずです。それを生かす形で、「今のそば屋を、友人がやっているラーメン屋に負けない繁盛店にしてみせる」と闘志を燃やすならばいいのです。

儲かっている商売の形だけをそのままマネしたところで、経験も知識もないのですから、うまくいくはずはありません。

五訓　◎　ライバルや他業種は学びの宝庫

多くの人に会って
たくさんの話を聞き、
商売の知恵を蓄えていく。

伊勢商人　諸戸《もろと》清六《せいろく》

賢い商人は勉強熱心です。

同業者のみならず、さまざまな分野で活躍している人のもとへ行って、話を聞く習慣を持っています。

そして、その人の持っている知恵を引き出し、自分の商売に役立つヒントにするのです。

アンティークショップを何店舗か経営している社長が、「自分の店にばかり閉じこもっていてはいけない」と述べていました。

時間をつくっては街に出て、「どんな場所で、どのような商売が行われているか」「そこで商売をしている人は、どんな人なのか」を、観察して回るのがいいと言うのです。

街ではいろいろな商売が行われています。お客さまを呼びこむために、それぞれの商人がさまざまな工夫をしています。

そんな街の様子を見て歩くだけでも勉強になるでしょう。

さらに、興味を持ったお店には積極的に入っていって、店主や従業員から話を聞くようにするのがいいのでしょう。

そのアンティークショップの社長も、実際にそうしていると言います。

その社長は、「人の話ほど勉強になるものはない」と言っていました。

冒頭の言葉を残した諸戸清六も、各地の豪商や富豪を訪ね歩いて、商売の知恵を学ばせてもらうことを習慣にしていた人物でした。

その際、諸戸清六は、ある事実に気づいたと言います。

それは、諸戸清六が話を聞きに行ったその豪商や富豪もまた、他の商人からたくさんの商売の知恵を学ばせてもらいながら、自分の商売を繁盛させていったということです。

新しい事業の展開や、新商品の開発にも役立つことではないでしょうか。

六訓　◎　教えるより教わる

バカになって物事を尋ね、バカになって商売せよ。

伊勢商人　**諸戸《もろと》清六《せいろく》**

保険の代理店を営んでいる人が「いい成績を残す営業担当者は、質問するのがうまい」と言っていました。

たとえよく知っていることでも、「お客さまですと、こういう場合どう考えるのですか。私はよく知らないので、教えていただけませんか」と尋ねます。

そして答えの内容からセールスのヒントをつかみ、「そのことでお悩みなら、この商品がお役に立つのではないでしょうか」と売りこみます。

具体的な商談を始める前に、「教えてくださいませんか」と尋ねて、お客さまの事情を探り出すのです。

お客さまの事情がわかれば、それだけ「どのような商売をするか」という作戦を立てやすくなります。

また、商談がスムーズに進み、契約に至りやすいのです。

諸戸清六が冒頭の言葉で述べているのも、それと同じことだと思います。

「バカになる」とは、「知っていることでも知らないふりをして、教えてもらうという態度を取る」ことだと思います。

頭がいいふりをして、「お客さまの場合には、こういうことでお困りのはずですよね」などと自分で勝手に決めつけたら、お客さまはどう思うでしょうか。

さらに、「でしたら、この商品が役に立つはずですよ。今、この商品を買わないなんて、どうかしてますよ」などと偉そうなことを言えば、どうでしょう。

お客さまは反発して、うまくいく商売もうまくいかなくなってしまう可能性が高いと思います。

教えを乞《こ》う商人はいい印象を与え、教えたがる商人は、敬遠されてしまうのです。

七訓　◎　商売を離れたところにヒントがある

読書につとめ、すぐれた先生がいたら、講義をしてもらう。手代にも講義を聞かせること。

大阪商人　鴻池《こうのいけ》善《ぜん》右衛門《えもん》宗利《むねとし》

昔は、「商人は金儲けのことだけ考えていればいい。学問や教養など不要だ」という考え方がありました。現在でも、「経済や商法の知識は必要だが、哲学や文学といった学問、芸術鑑賞や読書といった教養面は重視しなくていい」と考える人が少なくないのではないでしょうか。

一方で、「人間は一生勉強だ。商人であっても、教養を身につける努力をするべきだ」と考える人もいるはずです。

どちらのタイプが成功するかと言えば、後者の「学問する商人」のほうだと思います。「商人はバカになれ」「商人は阿呆になれ」という言葉もありますが、それは「正直な商売をせよ」「お客さまの前で偉ぶるな」という意味であって、学問や教養を軽視することではありません。

確かに、学問や教養を身につけたからといって、それがすぐに儲けにつながることはないでしょう。しかし、学問や教養からは、「世の中をちょっと離れた場所から客観的に見る」という能力が得られるのです。

この「物事を客観視する能力」は、とても大切だと思います。

というのも、一人よがりの判断によって大きなミスを犯し、破滅する商人が少なくないからです。物事を客観視すれば、そのような危険は大幅に減るのではないでしょうか。

江戸時代に、商人にも学問が大切だと訴えていたのは、冒頭の言葉を残した大阪商人、鴻池善右衛門宗利です。

彼は、金融業で大成功した豪商です。大きなお金を動かす商売ですから、物事を客観視する能力がとくに必要だと考えていたのかもしれません。ですから、主人が学問をするばかりではなく、奉公人にも学問を勧めていたのでしょう。

八訓 ◎ 切磋琢磨に遠慮は不要

誰でも長所短所がある。仕事で悪い点を見つけたら、遠慮なく指摘し合うこと。

大阪商人 住友友俊《すみともともとし》

商売がうまくいっている仕事場は、活気があふれているものです。働いている人たちは、イキイキとした声で仕事のコミュニケーションを盛んに取り合っています。

しかし、商売がうまくいっていない仕事場は、反対です。働いている人たちは、他人の仕事ぶりにはまったく興味がなく、お互いのコミュニケーションもあまりありません。

ですから、いつもシーンと静まり返り、いわゆる「閑古鳥《かんこどり》が鳴いている」状態です。

住友友俊が冒頭の言葉で提案しているのは、「従業員同士がお互いの仕事について、もっと盛んに意見を言い合い、仕事場を活気あるものにしよう」という意味だと思います。

自分自身ではなかなか気づくことができない悪いところを指摘してもらえば、仕事の質を向上させていけるでしょう。

コミュニケーションの中から、新しい商品や商売の意外なヒントを発見することもあると思います。

もちろん、ケンカ腰で、ののしり合うようなコミュニケーションの取り方はよくありません。「こうすれば、もっとよくなる」という前向きな姿勢で、意見を述べ合うのがいいと思います。

お互いに意見を言い合い、切磋琢磨《せっさたくま》し合って、働く人たちの能力が向上していけば、働く人たち自身も、やりがいや、やる気が高まっていくと思います。

それは店全体の発展につながっていくでしょう。

住友友俊は、そのように考えたに違いありません。

九訓 ◎ カイゼンこそ日本のお家芸

毎月一日と十五日に、仕事後に全員で集まり、反省点を話し合うこと。

名古屋商人 小川伝兵衛《おがわでんべえ》

「カイゼン」という日本語は、世界の共通語になっていると聞きます。

「カイゼン」とは、「改善」のことです。

この言葉を世界に広げたのは、自動車メーカーのトヨタです。

トヨタは、世界各地に出した工場で、「改善運動」を推進してきました。

改善運動とは、「こうしたほうが仕事の質がよくなるのではないか」「ここを工夫すれば効率的になるのではないか」「もっと働きやすい環境をつくるには、こうするべきではないか」という改善点を積み上げて、仕事のムダ、ムリ、ムラをなくしていくことです。

その特長は、幹部が従業員に押しつけるのではなく、現場の従業員たちが話し合って、みずから実践していくところにあります
トヨタの「カイゼン」は、大きな成果を上げました。世界各国の多くの会社が、トヨタの「カイゼン」と同じようなことを始めたのです。

そして、「カイゼン」という言葉も世界へ広がっていきました。

この「カイゼン」の原型は、江戸時代の商家にあるのではないでしょうか。

それがわかるのが、冒頭の言葉です。

トヨタ発祥の地である名古屋の商人である小川伝兵衛も、また、上から一方的に押しつけるのではなく、現場の奉公人たちが意見を出し合って問題点を改善していく方策を取り入れていました。しかも、それを月二回のペースで行っていたのです。

このような「カイゼン」の努力もあって、小川伝兵衛が営む呉服店、水口屋の商売はお客さまに喜ばれ繁盛していったのでしょう。

商売には、「これでいい」というものはありません。日々改善して、よりよい商売を目ざしていくものだと思います。

◎参考文献

『商家の家訓』（吉田豊編訳　徳間書店）
『商家の家訓――商いの知恵と掟』（山本眞功監修　青春出版社）
『江戸商家の家訓に学ぶ　商いの原点』（荒田弘司著　すばる舎）

植西　聰（うえにし・あきら）

東京都出身。著述家。

学習院高等科、同大学卒業後、資生堂に在職。独立後、「心理学」「東洋思想」「ニューソート哲学」などに基づいた人生論の研究に従事。1986年、長年にわたる研究成果を体系化した『成心学』の理論を確立し、著述活動を開始する。1995年、「産業カウンセラー」（労働大臣認定）を取得。他に「知客職」（僧侶）、「心理学博士」の名誉称号を持つ。

主な著書に、『「折れない心」をつくるたった1つの習慣』（青春出版）をはじめ、『話し方を変えると「いいこと」がいっぱい起こる』『「いいこと」がいっぱい起こる! ブッダの言葉』（いずれも三笠書房・王様文庫）、『ヘコんだ気持ちが治る言葉』（宝島社）、『こころ自由に生きる練習　良寛88の言葉』（講談社）、『打たれ強い心をつくる空海のコトバ』（青春出版）、『「いいこと」をどんどん引き寄せる!　言葉の習慣』（PHP研究所）、『花を咲かせる100のルール』（アスペクト）、『いい人生をつくる世界のことば』（静山社文庫）など多数ある。

経済界新書
041

ブレない心の磨き方

2013年９月６日　初版第1刷発行

著者　植西　聰
発行人　佐藤有美
編集人　渡部 周
発行所　株式会社経済界
〒105-0001 東京都港区虎ノ門1-17-1
出版局　出版編集部☎03-3503-1213
出版営業部☎03-3503-1212
振替　00130-8-160266
http://www.keizaikai.co.jp

装幀　岡 孝治

組版　後楽舎
印刷　（株）光邦

ISBN978-4-7667-2051-8